Sabine Miron

Hart an der Grenze

Sabine Miron

Hart an der Grenze

Kuriose Einblicke am Rand Europas – und nicht selten am Rand der Verzweiflung

Bibliografische Information der Deutschen Nationalbibliothek:
Die Deutsche Nationalbibliothek verzeichnet diese Publikation in der Deutschen Nationalbibliografie; detaillierte bibliografische Daten sind im Internet über http://dnb.dnb.de abrufbar.

© *2017 Sabine Miron*

Satz, Layout und Umschlaggestaltung: Ullrich Fast

Umschlagfoto: fotolia.de, #127213663, Urheber: erllre

Herstellung und Verlag: BoD – Books on Demand, Norderstedt

ISBN: 978-3-7431-1346-6

Inhaltsverzeichnis

Vorwort 7
Einleitung 9
Neue Welten entdecken 13
Mit einem gelben Passat ins Abenteuer 19
Kaum da und gleich mittendrin! 23
Wie bitte? 27
Andere Länder, andere Sitten: Teil 1 33
Andere Länder, andere Sitten: Teil 2 37
Handwerk hat doppelten Boden 41
Es wird (kein bisschen) romantisch 47
Ich falle aus dem (Gesetzes-)Rahmen 57
„Ach, Taticu!" 61
Auto fängt mit „Au!" an 65
Die Benzinschlange und andere (Kriech-)Tiere 69
Spielregeln 75
Alles gehört allen – und wenn's kaputt ist, dem Staat 79
Whatever killed the radio star 81
Vom Essen 85
Gesundheit! 91
Mit dem Tod ist nicht alles zu Ende 97
Eigener Herd... ist nicht ganz ungefährlich 99
Auf gute Nachbarschaft! 105
Beam me downtown, Scotty! 109
Wendepunkt 113
Ist das jetzt das Ende? 117

Vorwort

Das ist mein Buch über Rumänien und einige seiner Bewohner. Und über 15 Jahre meines Lebens.

Das ist keine politische Analyse, keine soziologische Studie, keine anthropologische Betrachtung. Es ist meine Liebeserklärung und meine ärgerliche Abrechnung. Eineinhalb Jahrzehnte war ich dort daheim.

Und jetzt hat Deutschland mich wieder. Endlich wieder auf jedem Kanalloch ein Deckel, hübsch dekorierte Vorgärten mit niedrigen Zäunen, freundliche Verkäuferinnen, reichlich Papier und Seife auf dem Klo.

Ja, Deutschland hat mich wieder. Aber wohl nie mehr ganz...

Sabine Miron

Einleitung

Rumänien, wo um alles in der Welt liegt Rumänien? Ein merkwürdiges Land, das aus meiner Vorstellung, alle ehemaligen Ostblockländer müssten „slawisch" sein, dreist ausscherte.

Die Hauptstadt heißt ja wohl Bukarest; ich verwechselte das leider immer mit Budapest. Na ja, ist ja wohl auch kein großer Unterschied, oder? Außer vielleicht, dass mir zu Ungarn wenigstens „Paprikagulasch" und „Piroschka" einfielen...

Was mein Brainstorming bezüglich Rumänien ergab, war weder scharf noch süß: barfüßige schmuddelige Kinder, die sich auf dreckigen Laken hin und her wiegen und mich durch rostige Gitterstäbe aus dem Fernsehapparat anstarren. Oder das schwarze Dorf, welches durch die Ausstöße irgendeiner Drecksfabrik mit Mann und Maus und Haus und Dach und Baum und Strauch von einer schwarzen schmierigen Schicht bedeckt ist und es so auf die erste Seite vom „Stern" geschafft hat. Und ein Foto, auch im „Stern", zufällig beim Zahnarzt aufgeblättert, von den Toten der Revolution – in einer Reihe abgelegt, mit grotesken Verbänden, die von verzweifeltem Bemühen verzweifelter Menschen redeten. Das trieb mir dort im Wartezimmer, die Tränen in die Augen. Und dann war da natürlich noch der durchgeknallte Diktator Ceausescu mit seiner Frau und deren hastige, fast beiläufig wirkende Hinrichtung, immer und immer wieder, im Weihnachtsprogramm 1989.

Und natürlich Dracula, dessen Schöpfer ihm ja wohl nicht ohne Grund ausgerechnet dort sein Gruselschlösschen errichtet hatte...

Was für ein Land! Wieso sollte man da überhaupt hinfahren wollen?

Meine erste Reise nach Rumänien im April 1992, die ich mit meiner Freundin Dagy und einem weiteren Mitarbeiter der Osteuropagruppe unserer Berliner Freikirche unternahm, sollte nur fünf Tage dauern. In dieser Zeit wollten wir sowohl eine kleine Hausgemeinde in Hermannstadt in der Landesmitte besuchen als auch Versammlungen in der Nähe von Reschitza im westlichen Teil von Rumänien abhalten. Eingerahmt von Hilfsgütern sah ich auf der Rückbank unseres Autos den über 1600 km entgegen, die uns bevorstanden. Ich war bestens vorbereitet...

Ich kannte die bedrückende Atmosphäre, das Grau und das „gibt's nicht, ist nicht, geht nicht" in der DDR nur zu gut und die lähmende Wirkung, die das kommunistische Flair immer auf mich gehabt hatte. Und dieses Rumänien, obschon fast zwei Jahre nach der Revolution, stellte ich mir schlimmer vor, *viel* schlimmer. Und so war mein riesiger Koffer voll mit allem, was man so brauchen könnte, um dem totalen Notstand und einer handfesten Depression zu begegnen. Ich war auf *alles* gefasst.

Nur auf *eines* nicht: Dass Rumänien mich mit strahlendem Sonnenschein, Bäumchen in voller rosa Blüte rechts und links der holprigen Straßen und Gänsescharen in den grasbewachsenen Gräben der Dorfstraße empfangen würde! In jedem Ort sahen gleich mehrere Storchenpärchen aus ihren Nestern direkt an der Europastraße auf uns herab. Vor den Häusern standen Bänke, auf denen alte Männer mit Mützen und alte Frauen mit Kopftüchern saßen und sich unterhielten, dabei den Blick auf die Vorbeifahrenden gerichtet.

Sogar in den grauen Städten schienen mir die kommunistischen Blockbauten mit den planlos und schief angeklebten

Balkonen mit einem schelmischen Augenzwinkern ihr Rätsel aufzugeben: Neubau oder gerade ausgebrannt?

Im Zauber unserer ersten Begegnung saugte ich das Land förmlich in mich auf. Ich weiß auch nicht, warum, aber vom ersten Moment an war ich verliebt! Verliebt in diese wunderschöne Landschaft, in den winzigen Kaffee mit den drei Schichten (unten Satz, oben Schaum, in der Mitte Kaffee), in den Geruch von Naphthalin, der mit jeder alten Dame im dicken Mantel an mir vorbeiging. Verliebt sogar in den Charme der unbeleuchteten Straßen mit den offenen Kanallöchern, die manchmal, aber nur manchmal eben, mit einem dürren Bäumchen drin markiert waren und in die vielen Kinder, die trotz des warmen Wetters fast alle eine Mütze trugen.

Und da wusste ich: Hier *muss* ich wieder hin.

Neue Welten entdecken

Bei meinem ersten Rumänienbesuch verbrachte ich die ersten Tage im Hermannstädter Stadtteil Neppendorf, in der Welt der Siebenbürger Sachsen.

Hier lernte ich, als eine Art lebendigen Geschichtsunterricht sozusagen, das Paralleluniversum einer ethnischen Minderheit kennen, die zwischen Bewahrung und Anpassung, zwischen Bleiben und Gehen lebte. Noch waren die Zeugen ihrer Kultur sichtbar und prägten das Stadtbild: Deutsche Schulen, Theater, Bibliotheken, Kirchen; das deutsche Leben darin aber wurde immer schwächer und vor allem älter und sah einer ungewissen Zukunft entgegen.

Die Allermeisten hatten sich schon zum Gehen entschieden und hatten Haus und Hof zum Spottpreis verkauft. Man konnte die Ausreisewilligen daran erkennen, dass sie Kleidung und Hausrat an ihrem Hoftor feilboten. Manche gingen kraftvoll und entschlossen in ihr neues Leben im fernen Mutterland, andere wurden vom Sog mitgezogen und fürchteten einfach nur, den Zerfall ihrer deutschen Gemeinschaft als die Letzten betrachten zu müssen. Es hielt sich das Gerücht, dass Deutschland seine Tür für die Siebenbürger Sachsen verschließen würde. Viele hatten bereits eine Aufnahmenummer beantragt, obwohl ihr Herz noch lange nicht bereit war.

In Berlin, wo ich das junge Ehepaar Johann und Beate in unserer Bibelschule kennen lernte, hatte deren Akzent mit dem rollenden „R", die ungewöhnliche Satzstellung und der singende Tonfall uns vor ein großes Rätsel gestellt: „Kommt ihr vielleicht aus der Schweiz?"

Ich staunte, wie unbeschadet die deutsche Sprache hier in Siebenbürgen die über 800 Jahre fern der Heimat überstanden hatte! Es gab natürlich einige rumänische Beimischungen, die dem Ganzen den richtigen Pfiff gaben. Anstelle der Anleihen aus dem englischen Sprachraum fanden sich hier auch Worte wieder, die in Deutschland längst nicht mehr gebräuchlich waren wie *kottern* oder *aufwarten* und die in mir so ein wohliges „Gute-alte-Zeit-Gefühl" erzeugten.

Ich hörte sie gerne, diese Sprache, die wegen der unaufhaltsamen Abwanderung der Deutschen wohl im Aussterben begriffen ist. Und weil ich dialektlabil bin, d.h. weil jeder Tonfall und jeder Dialekt mich förmlich anspringen und an mir haften bleiben, würde ich während meiner späteren Heimaturlaube in Deutschland so manchen befremdeten Blick kassieren, wenn ich *überdrehen* für überschlagen und *suc* für Limonade sagte.

Aber zunächst einmal betrachtete ich einfach nur mit Neugier und Erstaunen diese fremde kleine deutsche Welt wie durch das Fenster einer Zeitmaschine, die mich irgendwo in der Vergangenheit hatte landen lassen. Ich erfuhr, dass ich mich hier tatsächlich in *Transsylvanien* befand, was einfach der rumänische Name für Siebenbürgen war! Ich hatte das Wort Transsylvanien bisher immer für eine Erfindung von Mr. Stoker gehalten.

Auf unserer staubigen Straße lief ich an den alten Häusern vorbei, die alle, gemäß der üblichen Bauweise hier, mit der Giebelseite nach vorne standen; je ein großes Hoftor und daneben eine kleinere Tür versperrten den Blick in den Hof. Unter manchem Tor schob sich zaghaft eine Hundenase durch; andere Vierbeiner nahmen ihren Wachposten ernster und warfen sich laut bellend von innen ans Hoftor, genau wenn ich vorbeiging. Ich benutzte daraufhin für meine Spaziergänge lieber die holprige Straßenmitte. Und die war sehr holprig, denn die Anwohner füllten die Löcher darin immer mit Abraum oder Steinen aus ihrem Haus und Garten auf, in der Hoffnung, es würde sich schon alles irgendwann plattfahren... eine Hoffnung, die sich offenbar noch nie erfüllt hatte. Erstaunlicherweise hielten die Leute aber an der Methode fest.

Haus, Tür und Tor und wieder Haus, Tür und Tor, Hundenase, Gebell und immer so weiter.

Abends saßen wir in Beates und Johanns Hof zusammen und brieten „Mici" auf einem kleinen klapprigen Grill. Aus den Hackfleischröllchen tropfte zischend das Fett in die Glut, aber ich dachte nur einen ganz kurzen Moment an die Gesundheitshinweise für Grillaktivitäten. Wir tranken gelbe Limonade aus kleinen dicken Glasflaschen. Morgen würden wieder einige von uns Besuchern aus Deutschland Durchfall haben, aber was bedeutete das schon, wenn man so glücklich sein konnte.

Szenenwechsel:

Mihais Eltern wohnten auf einer Anhöhe über dem Ort Bocsa; ihr einfaches Haus hier ganz im Westen Rumäniens würde für die nächsten Tage auch unser Zuhause sein. Trotz der Hitze Anfang Mai war es in den niedrigen Räumen mit den in zarten Bonbonfarben gestrichenen groben Wänden kühl und ein wenig feucht. Etwas unterhalb der Zimmerdecke waren die Wände alle mit einer rundum laufenden Bordüre verziert. Es roch ungemein nach Museum und Mottenkugeln, ganz besonders im Schlafzimmer, wo Dagy und ich uns ein Bett teilten. Das war also jetzt *echtes rumänisches Leb*en in der *ländlichen* Variante.

Abends hielten wir christliche Versammlungen ab und die beiden kleinen Räume füllten sich mit Leuten – alten und jungen – aus Mihais Hauskreis, aus dem Ort und der Umgebung. Ich spielte auf der Gitarre und wir sangen immer wieder die fünf Lieder, zu denen ich noch in Deutschland den rumänischen Text auswendig gelernt hatte.

Der einfachen Predigt folgten die Menschen mit großer Aufmerksamkeit; viele sahen unendlich müde aus und abgearbeitet. Ich verstand noch wenig von ihrer wirtschaftlichen und sozialen Situation und wusste nichts von dem Druck durch Familie und Nachbarn, den manche von ihnen wegen des Besuchs einer freikirchlichen Veranstaltung auszuhalten haben würden. „Wie kannst Du zu den *Bekehrten* gehen, Deinen Glauben verraten, in dem Du geboren bist?" Ich sah nur die Hoffnung in ihren Augen, als sie uns zuhörten und war berührt.

Nach den Gottesdiensten gab es wieder *viel* zu spät und *viel* zu viel zu essen! Rumänen, Deutsche, Ungarn und Zigeuner, wir saßen immer noch lange zusammen, aßen, lachten, redeten Deutsch, Englisch, Rumänisch, Ungarisch.

Ein Bad gab es nicht. Das Klohäuschen im Garten war innen rundum mit verblassten Ausschnitten aus Zeitschriften tapeziert; grob in Form gerissen dienten Zeitschriften auch als Klopapier. Ich erfuhr, dass es gut war, diese Blätter vor Gebrauch ordentlich zwischen den Händen zu rubbeln…

In der kleinen Küche stand für uns ein Krug frisches Wasser bereit zum Waschen und Zähneputzen. Ein anderer Gast aus Deutschland hatte, so erzählten die Bauersleute, die Wanne mit Schmutzwasser kurzerhand in das ummauerte Loch im Hof entsorgt. Er sei so ehrlich erstaunt gewesen über das helle Entsetzen, welches er dadurch bei den Gastgebern auslöste. Woher hätte er wissen sollen, wie ein Brunnen aussah? Sie hatten ihm längst verziehen und erzählten mitleidig, dass er das ganze Gewicht eines Kleinwagens, den einige Männer zur Antirostbehandlung des Unterbodens auf die Seite gekullert hatten und nun wieder auf seine Räder stellen wollten, aufgefangen und auf seinen Knien gehalten hatte. Voller blauer Flecken sei er gewesen. Warum hatte er sich nicht rechtzeitig in Sicherheit gebracht? Das konnten sie nicht verstehen. Ich vermutete, er hatte es nicht übers Herz gebracht, das Auto einfach so hinknallen zu lassen. Aber ich sagte nichts; sie hätten das nicht verstanden.

Während der Heimfahrt von meiner ersten Rumänienreise war ich immer noch wie beschwipst von all diesen Eindrücken. Als ich in meiner kleinen Wohnung in Berlin-Schöneberg dann meinen Koffer öffnete, umhüllte mich wieder der modrige Geruch aus dem kleinen Bauernhaus. Ich versenkte meine Nase in meine Schlafanzugjacke und betrachtete wehmütig die leere Dose Amigo-Kaffee, die ich zur Erinnerung mitgenommen hatte.

Ich hatte das Land meiner Träume gefunden. Mein Panama hieß Rumänien und roch von oben bis unten nach Museum!

Mit einem gelben Passat ins Abenteuer

Das Stimmengewirr und die Verkehrsgeräusche entfernten sich, es war so warm und gemütlich… BUMM! Ich fuhr hoch und blinzelte verwirrt durch die von der Morgensonne blendend helle Windschutzscheibe. Von dem Kerl, der mit der flachen Hand auf die Motorhaube meines Wagens geschlagen hatte, sah ich nur noch den Rücken. Schnell stieg er in das Auto vor mir, um den Anschluss nicht zu verlieren. Ohne ihn hätte ich fast mein erstes Rumänien-Highlight verschlafen: Die Tankstelle hatte aufgemacht und die Benzinschlange setzte sich rauchend und klappernd in Bewegung. Meine Chancen standen gut, denn früher Vogel fängt den Bissen und frühes Auto kriegt noch Benzin!

Es war schon meine dritte Reise nach Rumänien. Für zwei Wochen hatten Annette und ich im Rahmen des Osteuropadienstes unserer Gemeinde Veranstaltungen und Gottesdienste abgehalten und seelsorgerliche Gespräche geführt.

Zwei weitere Freundinnen waren auf ihrem Heimweg von einer Missionsreise in die Ukraine zu uns gestoßen. Gemeinsam mit meinen Berliner Freundinnen hatte ich eine letzte, schlimme und schwüle Nacht verbracht, belagert von Tausenden von Mücken, die genauso durstig waren wie wir, denn in der hübschen Blockwohnung in Reschitza war bereits am Abend das Wasser abgestellt worden. Morgens kam dann das kalte Wasser – warmes gab es wegen der Revision der Hauptleitungen schon seit zwei Wochen nicht mehr – *noch* naturtrüber aus dem Hahn als sonst. Meine Freude, als Erste von uns vier Mädels ins Bad gekommen zu sein, war rasch verflogen…

Bei dem starken schwarzen Amigo-Kaffee gab es dann kein optisches und auch kein geschmackliches Problem mehr mit dem Wasser und für den Fall, dass wir was Kaltes trinken wollten, hatte ein lieber Bekannter uns ein paar Sprudeltabletten da gelassen, die den gelblichen Ton des Wassers in ein sattes Orange verwandelten und den starken Chlorgeruch fast ganz überdeckten.

Vor dem Haus nahm ich Abschied von meinen Reisegefährtinnen; sie fuhren nun nach Deutschland zurück und ich würde alleine zu meinem großen Abenteuer starten: Für mindestens sechs Monate wollte ich in Hermannstadt mitten in Rumänien wohnen und dort ein befreundetes Ehepaar beim Aufbau einer kleinen freikirchlichen Gemeinde unterstützen.

Es war der 15. August 1992. Vom nahegelegenen Markt und seinen überfüllten Abfallcontainern wehte der Geruch von Rauch und gärendem Obst und Gemüse herüber: Ein Eindruck, der für mich noch Jahre danach mit dem Land Rumänien verbunden bleiben würde und immer wieder in mir das kribbelnde Gefühl eines neuen Anfangs erzeugte. Ich warf das Blechschild mit der rumänischen Aufschrift *„Keine Blumen abreißen, nicht auf den Rasen treten!"*, das ich noch tags zuvor in einer Eisenwarenhandlung gekauft hatte, auf den Rücksitz zu meinen Sachen und fuhr ans Ende der Benzinschlange. Es würde noch mindestens eine halbe Stunde dauern, bis die Tankstelle öffnete. Die Augustsonne knallte ins Auto und ich ließ noch einmal die letzten zwei Wochen an mir vorbeiziehen, seit ich mit Annette ins Land gekommen war.

Es war diesmal eine abenteuerliche Fahrt gewesen. Wir hatten ein Hilfsgütervisum in der Tasche und Windeln und Babynahrung im Gepäck. Als wir dann an der ungarisch-rumänischen Grenze an das Ende der Blechlawine andockten, waren es noch ca. 24 Stunden Wartezeit bis zur Grenze. Es ging auf die Mittagszeit zu, die Wartenden köchelten in ihren Autos vor sich hin, gingen dann wieder rauchend auf und ab, und an der Straßenseite bewegte sich träge eine Reihe Menschen zum Kiosk und zurück und wieder zum Kiosk. Die Böschung rechts und links der Straße war mit Abfall übersät. Hin und wieder setzte sich die Autoschlange in Bewegung, um dann nach 10 oder 20 Metern wieder stecken zu bleiben. Was nützte uns hier das Hilfsgütervisum, das uns Vorfahrt an der Grenze garantieren sollte?

In einem Anfall mutiger Verzweiflung hoppelte ich mit meinem alten Passat die linke Böschung herunter auf einen Feldweg, der parallel zur Straße zu führen schien, in der Hoffnung, so nah an die Grenze zu kommen, dass uns unser Visum helfen würde. Zu unserem großen Erstaunen scherten fünf oder sechs Autos hinter uns aus und fuhren uns nach, wohl in der Annahme, dass wir wüssten, was wir da tun. Wussten wir nicht. Nach nicht mal einem Kilometer führte der Feldweg zurück auf die Straße. Wir ahnten, dass jede Diskussion über Hilfsgüter und ähnlich abstrakte Begriffe sinnlos war, als wir sahen, dass ein vorwitziger kleiner Sportwagen aus unserer Gruppe, der sich hier wieder in die Schlange einreihen wollte, in der Gefahr stand, von der Menge der gereizten Wartenden in den Graben geschoben zu werden. Wir saßen fest.

Annette machte sich zu Fuß auf in Richtung Grenze, die von hier aus nicht mal in Sichtweite war. Ich ließ mich lang auf die Vordersitze sinken, vor Erschöpfung und auch, um den drohenden Blicken der Warteschlange zu entgehen, die hin und wieder in meine Richtung züngelte. Ich blieb eine ganze Weile allein. Und dann kam meine Freundin tatsächlich wieder, zwei ganz junge ungarische Grenzsoldaten im Schlepptau. Annette hatte sich in keiner der sechs Sprachen, die sie beherrschte, verständlich machen können. Zugegeben: Sie sah einfach fantastisch aus, aber das war keine ausreichende Erklärung für das, was jetzt geschah: Dass die zwei jungen Soldaten mit den umgehängten Maschinengewehren uns nämlich blitzschnell einen Weg durch die Wartenden bahnten, um unser Auto dann auf einem rechts neben der Straße verlaufenden Wall bis zur Grenze zu geleiten. Keiner wagte uns aufzuhalten; ein Kleinbus aus England, ebenfalls mit Hilfsgütern, hängte sich an uns dran. Wir bewegten uns im Schritttempo vorwärts, denn einer der uniformierten Jungs hatte in unserem Auto keinen Platz mehr gehabt und lief, das Gewehr über der Schulter, gemächlich vor uns her. In all meiner Erleichterung spürte ich doch die Blicke der Wartenden, an denen wir langsam, *unendlich* langsam vorbeizogen, wie feurige Pfeile in meiner Seite. Ich sah starr geradeaus. Damals wusste ich nicht, dass ich noch zu Genüge erfahren würde, wie es sich anfühlt, so hilflos mit ansehen zu müssen, wie andere sich vordrängelten. Aber ich gab mir schon damals ein Versprechen: So etwas würde ich nie wieder tun...

Und jetzt stand ich an der Tankstelle an, wie alle anderen. Das Benzin reichte auch für mich. Kanister wurden nicht betankt. Deshalb standen um die nächste Ecke Männer in kleinen Gruppen zusammen und zogen das Benzin mit dem Mund durch einen Gummischlauch aus dem Tank in Kanister, um sich dann erneut anzustellen. Aber davon verstand ich damals noch nichts.

Ich fuhr los in mein neues Leben und gegen Nachmittag bog ich in die staubige und holprige – Sie wissen jetzt, warum – Liveziistraße in Hermannstadt ein. Johann sah mich schon von weitem und öffnete sein Hoftor für mich. Als ich zum Einbiegen den Blinker setzte, schüttelte er lachend den Kopf.

Kaum da und gleich mittendrin

Ich bezog ein Zimmer bei einer sächsischen Familie aus Johanns kleiner Hausgemeinde. Hier gab es neun Kinder, von denen das Jüngste gerade mal ein paar Monate alt war. Die Großfamilie verteilte sich auf die vier Zimmer des alten Hauses im typischen Stil: Das Gebäude steht mit dem Giebel zur Straße hin und alle Zimmer reihen sich hintereinander wie die Waggons eines Zuges. Jede neue Generation schien angebaut zu haben und die Dächer der einzelnen Gebäude waren alle unterschiedlich hoch. Entlang der ganzen Gebäudeschlange erstreckte sich der Hof, mit Hühnerauslauf, einem Haufen Sand zum Spielen für die Kinder, Hundehütte mit Tommy, dem Hund, Tisch und Bänken, Teppichstange sowie gefühlten 1000 Metern Wäscheleine. Den hinteren Abschluss bildete ein baufälliger Schuppen, durch den man in den großen Garten gelangte.

Das Zimmer zur Straße war das *gute* Zimmer. Das wurde nur genutzt, wenn Besuch kam, manchmal für Gebetsversammlungen oder um die Berge frisch gewaschener Wäsche zum Sortieren aufzunehmen.

Ich hatte, sozusagen im letzten Waggon, mein eigenes Zimmer mit einem separaten Eingang und betrachtete mit einer Mischung aus Staunen und Befremden das Gewusel in Haus und Hof: Essen und Wäsche, Hausaufgaben und Spielzeug, Betten und Schränke, Schuhe und Jacken und Abwasch für elf Personen; und das alles ohne fließendes warmes Wasser und mit einem einzigen winzigen Badezimmer. Dort heizte Papa Walter jeden Samstag den Badeofen an und Gunhild badete die Kinder – die Kleinen je zu zweien; die Großen kamen allein zurecht.

Es gab eigentlich noch ein weiteres Badezimmer, welches aber zur Waschküche deklariert worden war. Der Wäscheberg darin füllte fast den ganzen Raum aus und die alte Waschmaschine schob tapfer Dauerschicht. Trotzdem war nie ein Ende in Sicht: „Wenn ich jetzt meine Hose in die Wäsche tue, sehe ich sie erst in einem halben Jahr wieder" jammerte Walter und da hatte er wohl recht.

Wenn das Klo besetzt war – und das war es fast immer – gab es noch eine Ausweichmöglichkeit, denn hinter dem Hühnerhof gab es ein Gartenklo; an der Tür hing ein Schild: „Büro".

Der alte VW-Bus der Familie war innen mit mehreren Sitzbänken ausgestattet und verbrauchte, wenn der Motor nicht gerade mal wieder in Einzelteilen in Walters Werkstatt lag, geradezu industrielle Mengen an Treibstoff, und noch mehr Öl. Das treue Gefährt transportierte die ganze Familie – und war auch der Grund dafür, dass Walter von staatlicher Seite keine Unterstützung bekam. Wer ein Auto hatte, konnte definitiv nicht bedürftig sein!

Ich werde nie das Bild vergessen, wenn alle auf der speckigen Eckbank und einigen Hockern am Küchentisch saßen. Keines der Kinder fing an zu essen, bis nicht auch das letzte seinen Teller mit Suppe hatte (und das konnte dauern...), dann schnitt Walter schneller als jede Brotmaschine gleichmäßige Scheiben von dem großen Laib und sprach dann das Tischgebet.

Sonntags saßen wir oft im guten Zimmer zusammen bei „Walters Kaffee". Zwei Tassen um 5 Uhr nachmittags sorgten sicher dafür, dass man bis 3 Uhr nachts kein Auge zu kriegte. Hier diskutierten wir mit Freunden, die sich auch ohne Einladung immer irgendwie einfanden, feierten Geburtstage, was erfreulich häufig der Fall war und applaudierten den Kindern, die den Großen kleine Theaterstücke oder Lieder vorbereitet hatten. Manchmal hielten wir sonntags in Ermangelung anderer Räume auch so manchen Gottesdienst hier ab.

Walter kam, unbeeindruckt von dem Kinder-Kleider-Küchenchaos um sich herum, leicht ins Philosophieren; er liebte Bücher und Gespräche, und war ein feiner, sensibler Typ. Seit über 20 Jahren arbeitete er als Schlosser in einer Kesselschmiede. Seine Frau war, trotz ihrer schmächtigen Statur, stark wie ein Pferd. War ein Auto anzuschieben oder ein Zimmer zu entrümpeln, sie war da und packte an. Ich war erstaunt zu hören, dass sie erst nach dem fünften Kind aufgehört hatte, zu arbeiten. Wahrscheinlich hat keiner von uns angemessen zu würdigen gewusst, was Gunhild leistete. Sie selbst machte wenig Aufheben von sich. Nur manchmal hatte sie Kopfschmerzen und dann schloss sie ihre Schlafzimmertür zu.

In Walters und Gunhilds Haus und an ihrem Tisch war immer Platz für einen Gast. Hier herrschte eigentlich immer Chaos, aber nie Stress.

Walter und Gunhild und die Kinder – elf sind es insgesamt noch geworden und mittlerweile auch einige Enkel – sind nun schon lange Jahre in Deutschland. Als ich sie besucht habe, haben die Kinder meiner Tochter mal schnell das Radfahren beigebracht. So sind die.

Nach ein paar Monaten zog ich dann zu Anni; deren Mann Kurt war schon nach Deutschland ausgewandert. Sie sollte mit dem kleinen Bastian später nachkommen. Anni war eine quirlige Frohnatur mit einem Hang zur Unordnung und ich genoss ihre Unbeschwertheit und Spontaneität. Sie hatte es da, wo sie aufgewachsen war, nie leicht gehabt und schien doch nichts schwer zu nehmen. Hartnäckig trotzte sie allen Dingen eine gute Seite ab.

Ich sehe sie noch heute im Flur ihres Hauses stehen, über sich die offene Luke zum Dachboden, wie sie den Sack mit Winterkleidung hin und her schwingt und ihn dann lachend über den Kopf in den Speicher schleudert. Und ich erinnere mich gut an ihr todernstes Gesicht, wenn sie mir, die Schüssel in der Hand, treuherzig versichert: „Das *kann* gar nicht schlecht sein. Das war im *Kühlschrank*."

Von Anni lernte ich, wie man einen Kachelofen mit Holz heizt und aus leidvoller Erfahrung, dass man die paar Spritzer Diesel aus der alten Weichspülerflasche auf das Holz geben muss, *bevor* man es anzündet. Glücklicherweise hatte es nur eine ordentliche Verpuffung gegeben, als ich das Diesel in den brennenden Ofen spritzte, und der Ofen und ich waren unversehrt geblieben.

Anni und ich und der kleine Bastian in seinem Gitterbettchen schauten zusammen rumänisches Fernsehen. Wir empfingen ein einziges Programm. Anfangs irritierte es mich, dass der Ton zum Bild auf der Mattscheibe *vor* uns aus dem alten Radio *hinter* uns kam. Irgendwie hatte das damit zu tun, dass bei den importierten Fernsehern Bild und Ton nicht zusammen lagen. Während Anni ihrem Kind die Griesmilch zur Nacht fütterte, hielten wir Rumänisch-Unterricht ab. Als Material dienten uns die rumänischen Untertitel der ausländischen Filme und Serien.

Einige Zeit später wanderte auch Anni nach Deutschland aus; ihre Stehaufmännchen-Mentalität nahm sie mit und die würde sie auch dort gut brauchen können. Ich machte mir keine Sorgen um sie.

Wie bitte?

Ich mag eigentlich romanische Sprachen nicht. Deshalb war ich auch erst versucht, meinem lieben Rumänien seine romanische Sprache echt übel zu nehmen. In der Schule hatte ich ganze zwei Jahre Französisch, die keinerlei Spuren bei mir hinterließen. Unter meine Lateinarbeit schrieb mein Lehrer: „Ihr Übersetzungsversuch hat nur noch sehr wenig Ähnlichkeit mit dem Original". Das war gemein, aber zutreffend. Und den Sprachkurs im Fernsehen „Hablamos Espaniol" hatte ich mir auch nur wegen Jose Luis Gomez angeschaut. Der sah klasse aus trotz seiner schwachsinnigen Texte und ich war ein wenig verknallt in ihn.

Aber Rumänisch gefiel mir sofort: laut und aufgeregt wie Italienisch, schwermütig wie Russisch. Ich liebte es! Noch in Berlin kaufte ich mir eine rumänische Elementargrammatik. Ziemlich schmucklos und aus gelbgrobem Papier war das einzige Buch, das ich, nach langer Rumrennerei, zu diesem Thema finden konnte. Offenbar standen die Berliner nicht gerade Schlange, um Rumänisch zu lernen.

Bei allem Schwung erlag ich im Land schnell der Versuchung, hinter meinen deutschsprechenden Freunden in Deckung zu gehen. Alle Siebenbürger Sachsen sprechen beide Sprachen und ich staunte, wie sie nach Bedarf zwischen Deutsch und Rumänisch hin und her wechselten, um dann womöglich untereinander noch ihren eigenen sächsischen Dialekt zu sprechen. Dazu kamen dann noch die Fremdsprachenkenntnisse aus der Schule. Mit meinem Englisch, auf das ich immer so stolz gewesen war, kam ich mir auf einmal ziemlich albern vor.

Die Gottesdienste, die ich besuchte, wurden von Johann in rumänischer Sprache abgehalten. Wie die meisten Deutsch-

bzw. Ungarischstämmigen hatte er eine sehr deutliche Aussprache, wenn er Rumänisch sprach. So konnte ich schon nach kurzer Zeit so ziemlich alles verstehen. Mein Sprachschatz enthielt Worte wie: *Endzeitgericht*, *Wiedergeburt* und *Bekehrung*. Aber wenn mich jemand auf der Straße nach der Uhrzeit fragte, sah ich so verständnislos drein, dass die meisten nach einigen Sekunden entschuldigend die Hände hoben und dann lächelnd weitergingen. Überhaupt waren die meisten sehr nachsichtig mit mir... und verwundert, dass eine Ausländerin Rumänisch lernen wollte.

Mein Rumänisch-Unterricht mit dem Kaffee vorne weg, den ich bei einer Bekannten nahm, geriet viel zu oft zum Kaffeestündchen mit Rumänisch hinten dran, so dass ich auch hier keinen großen Durchbruch erwartete. Zu gerne wäre ich eines Morgens aufgewacht und die ganzen Vokabeln und Grammatikregeln wären über Nacht in meinen Bauch gerutscht und hätten sich dort zu etwas vermischt, was der Verständigung dienen würde! Mein Perfektionismus stand mir im Wege; ich wollte erst sprechen, wenn ich mir 100%ig sicher war. Mit diesem Ansatz verpasste ich leider so gut wie alle Gelegenheiten, überhaupt etwas zu sagen. Hochpeinlich berührt, aber auch neidisch betrachtete ich Christian aus Stuttgart. Der war noch nicht viel länger als ich im Land und stürzte sich mit seinem Behelfs-Rumänisch munter in alle Diskussionen. Er brachte ganze Säle zum Brüllen, blieb ungerührt und lernte schnell dazu.

Bei all meiner Zurückhaltung sollte auch ich für viele unterhaltsame Momente sorgen und viele Gesprächspartner irritieren, bevor ich dann tatsächlich *aus dem Bauch* sprechen konnte und so fließend, dass kaum jemand mehr glaubte, dass ich nicht im Land geboren war.

Von einer Sache bin ich felsenfest überzeugt – und kein Abgesandter aus einem fernen Land, kein Missionar oder

Botschafter oder Entwicklungshelfer, der nach fünf Jahren immer noch für jeden Mist einen Übersetzer braucht, wird mich vom Gegenteil überzeugen: Wenn man ein Volk verstehen möchte, dann muss man es... verstehen. Dieselben Worte reden und spüren, wie sich das anfühlt. Das ist der Schlüssel zu der anderen Welt. Das glaube ich.

Deutsch ist so fein und vielfältig; es kann Verästeltes und Filigranes auf wunderbare Weise abbilden. Ich liebe die deutsche Sprache. Rumänisch ist einfach und griffig. Die Worte entladen sich mehr, als das sie gesprochen werden, die Bilder entstehen mehr im Bauch als im Kopf.

Keine Angst, dazu muss man nicht mal fortgeschritten sein! In meiner Elementargrammatik fand ich ein Gedicht von Mihai Eminescu. Es war ein Nachtgedicht. Ich arbeitete mich mühsam, Vokabel um Vokabel, durch die vier Strophen des großen rumänischen Dichters. Ob Sie's glauben oder nicht, nicht mal mein dilettantischer Vortrag konnte der geballten Abendstimmung in den Versen was anhaben.

Ich hasse telefonieren. Eine höchst unnatürliche Art des Kontaktes. Telefonieren ist für mich wie Kommunikation mit einem groben Jutesack über dem Kopf. Wenn auf dem Jutesack noch mehrere zänkische Spatzen sitzen und das Ganze auf einer belebten Kreuzung stattfindet, dann bedeutete das „auf Rumänisch telefonieren".

Da wir zu Hause kein Telefon hatten, musste ich dafür zur *telefoane* ins Stadtzentrum. Das war eine große marmorgeflieste Halle mit einigen Schaltern, Kabinen und jeder Menge grauer Telefonapparate an den Wänden. Die waren für die Inlandsgespräche, die direkt gewählt werden konnten. An den Apparaten hingen gestikulierende Menschen und riefen unentwegt *Alo, aaaaallllooooo!!!* in die grauen Hörer; dabei drehten sie sich in verschiedene Richtungen oder verbogen das dicke Metallkabel, um damit die Verständigung zu verbessern. Die Akustik in der gefliesten Halle verrührte das alles zu einem unverständlichen Sprachgemenge. Ich hasste es, in rumänischer Sprache telefonieren zu müssen. Am meisten graute mir vor dem Moment, wo der Angerufene den Hörer abnahm, denn dann fiel das Kleingeld mit Donnergetöse im Telefonapparat nach unten und ich konnte garantiert nicht verstehen, wer dran war.

Da ich in einer Versandbuchhandlung arbeitete und wir auch dort keinen Telefonanschluss hatten, kam ich nicht drum herum: Ich sammelte die Anliegen, die telefonisch zu klären waren und ging einmal die Woche zur *telefoane*. Was muss, das muss.

Gespräche in kleinere Ortschaften, ins Ausland oder aber R-Gespräche wurden Anfang der 90er noch handvermittelt. Nach einer Zeit in der Warteschlange präsentierte ich den Bestellzettel, z.B. mit der Telefonnummer meiner Mutter in Deutschland am Schalter, gab an, wie viele Minuten ich sprechen wollte und bezahlte. Dann wartete ich mit den anderen, bis die Stimme aus dem Lautsprecher aufrief: *Germania blabberblubber cabina tschinsch knisterpeng*. Ich erhob mich dann immer besonders langsam und lässig und mehr auf Verdacht, da ich wieder mal nicht richtig verstanden hatte. Sollte also jemand *neben* mir entschieden und zielstrebig aufstehen und in die Kabine eilen, könnte ich immer noch so tun, als hätte ich mich nur strecken wollen.

Aber das Gespräch war tatsächlich für mich. *Vorbiti! Sprechen Sie!* befahl dort die Stimme aus dem Hörer. Zwischen all dem Rauschen und Knacken hörte ich dann Mamas Stimme. Jetzt aber schnell, denn bald würden meine fünf bestellten Minuten vorbei sein: Knack und Ende. Oder die Stimme würde unser Gespräch übertönen: *Mai vorbiti? Sprechen Sie noch?* Dann hätten Mama und ich noch etwas

Zeit und ich müsste nachzahlen. Wie die Angestellten in dem Gedränge vor ihrem Schalter dabei den Überblick behielten, war mir schleierhaft, aber sie wussten immer, wer wohin telefoniert hatte und ob noch etwas zu bezahlen war.

Eines Tages – es waren Tage, Monate, Jahre knisternder und knatternder Kommunikation, mehrere Regierungswechsel, eine Rechtschreibreform und... meine Hochzeit ins Land gegangen – kam ich von der Arbeit nach Hause. „Wir haben Telefon", sagte mein Mann beiläufig und genoss sichtlich meinen ungläubigen Blick. „Ohne Vermittlung, auch ins Ausland", bestätigte er.

Da stand er, der unscheinbare graue Apparat und das Kabel führte tatsächlich bis in die Dose in der Zimmerecke! Wenn man mal überlegt, wie lange manche Leute aus unserem Stadtteil auf diesen Moment gewartet hatten, war es fast schon unanständig, das die Telefongesellschaft anlässlich dieser unverhofften Installation nicht wenigstens einen kleinen Sektempfang organisiert hatte.

Andere Länder, andere Sitten: Teil 1

Die Sprache war *eine* Sache, eine andere der praktische Umgang mit dem fremden Naturell.

Ich verstand recht schnell, dass die aufgeregt diskutierenden Männer an der Straßenecke, die mit den Armen fuchtelten und schrien, sich nicht für eine ausgewachsene Schlägerei warm machten, sondern sich lediglich freundschaftlich austauschten. Einige Redewendungen, die, ins Deutsche übersetzt, wirklich ruppig und abweisend klangen, wurden dabei ins Gespräch eingestreut und keiner nahm es krumm.

Es sollten allerdings Jahre ins Land gehen, bis ich das typische *„Ce sa faci; n-ai ce face! Was sollst Du machen; da kannst Du nichts machen!"* verstand. Das kam fast in jedem Gespräch vor. Ich vermutete zunächst einfach Trägheit und balkanische Gleichgültigkeit dahinter und es lag mir, typisch Deutsch, ein knackiger Aufruf auf der Zunge: „Schluss mit dem Gejammere, A.... hoch und Ärmel auch und das Problem angepackt!"

Mit den Jahren lernte ich mehr über das rumänische Lebensgefühl, in dem viel mehr Hilflosigkeit und Willkür vorkam als in meinem deutschen Leben. Ich stieß wie die anderen an sinnlose Grenzen und verzweifelte an schwachsinnigen Gesetzen, von denen jeder wusste, dass sie unmöglich umzusetzen waren. Und bald sagte ich es selbst. Ich sagte tatsächlich: *Was sollst Du da machen, da kannst du nichts machen.*

Dass mir das allerdings mitten in der jungen rumänischen Demokratie geschah, gab mir zu denken. Irgendwie hatte ich schon eine andere Vorstellung davon gehabt, wie es nach einer Revolution zugehen müsse. Irgendwie optimistischer und frischer. Warum wurden die Straßen schnell lebendiger und heller, aber nicht die Gesichter?

Aber wir *hatten* noch Hoffnung, dass alles anders, gerechter und weniger korrupt würde ... und wir alle weniger fatalistisch. Wir diskutierten viel über Politik. Unsere kleine Gemeinde betete ernsthaft und gemeinsam mit Baptisten und Pfingstlern für eine gesunde wirtschaftliche Entwicklung und eine politische Klasse mit Anstand und Sinn für Gerechtigkeit. Damals.

Je mehr ich vom Leben hier mitbekam, desto mehr wurde es mir zum Reflex, *mein* Rumänien gegen allerhand Vorurteile zu verteidigen. Wenn Besucher aus Deutschland bemängelten, die Rumänen neigten zum Negativen, zum Klagen und Lamentieren, dann musste ich widerwillig zugeben, dass da was dran war. Tatsächlich bestand ein großer Teil von Gesprächen unter Nachbarn und Bekannten aus der abwechselnden Benennung von Tragödien, Skandalen, finanziellen Engpässen und Ungerechtigkeiten. Aber ich begriff dies Verhalten nach einiger Zeit als eine Art Strategie und Ventil, mit dem harten Leben klarzukommen. Und lernte, dass hinter dem Lamentieren und Klagen die Anstrengung und der tägliche Kampf ums Überleben sehr still und unbemerkt stattfanden.

Um jemanden zu verstehen, sagen die Indianer, musst Du eine Weile in seinen Schuhen gehen. Ich glaube nicht, dass ich lange genug in rumänischen Schuhen gegangen bin, aber ich bin *näher* gekommen. Nah' genug, um zu wissen, dass es noch viel zu entdecken gibt.

Eins kriegt man aber schnell heraus: Misstrauen ist immer dann angesagt, wenn hier in Rumänien jemand behauptet:

a.) „Es dauert nicht lange" oder
b.) „Es ist nicht weit".

Zu a.) Als zielstrebiger und ergebnisorientierter deutscher Mensch war ich schon sehr irritiert, als ich hörte: „Das Essen ist fertig. Wir müssen nur noch ein paar Kartoffeln schälen". Was denn jetzt? Fertig *oder* Kartoffeln schälen? Eingeladen zum Mittagessen, das geht, bitteschön, so: Ein Uhr. Essen, Nachtisch. Satt. Kaffee. Reden. Und Tschüss. Oder wir stehen mit dem Auto vor dem Haus einer Freundin. Ob sie mitkommen möchte zum Ausflug? Ja, sie kommt *sofort*. Duscht nur noch und zieht sich um. Alle freuen sich. Und warten im Auto. Die Leute hier in meiner neuen Heimat können warten, hartnäckig und entspannt warten und während der Wartezeit… leben!

Zu b.) Achtung! Eine Strecke, die man Ihnen mit „Es ist gar nicht weit" beschreibt, wurde in meiner Schulzeit im Rahmen des Wandertags zurückgelegt. Also, trotzdem mitgehen und immer dran denken: Für einen schönen Ausblick oder einen guten Freund lohnt sich ein weiter Weg. Hauptsache, Sie haben gute (rumänische) Schuhe an.

Andere Länder, andere Sitten: Teil 2

Wie befremdlich und beängstigend mir so manche Situation auch erschien, war ich doch fasziniert von den Menschen hier; ich studierte ihre Gesichter und fand anfangs, dass sie sich sehr von *deutschen* Gesichtern unterschieden. Auch von der Statur her waren die Menschen anders – kleiner und zierlicher. Leider kriegte ich in einem normalen Geschäft so gut wie keine Schuhe zu kaufen und auch kaum Kleidung. Die chinesischen Hosen bekam ich nur bis zum Knie und die türkischen Blüschen gerade mal über den Kopf. Gut, dass es immer mehr Second-Hand-Läden mit Ware aus dem Westen gab! Da blieben die großen Größen immer liegen.

Ich wollte die Menschen so gerne verstehen, mitten hinein tauchen in ihren Alltag! So fuhr ich mit der Bahn durch das Land, 2. Klasse natürlich, wobei ich ein deutliches „Zweite-Klasse-Gefühl" hatte. Wo in der ersten Klasse nur drei Plätze in einer Reihe waren, mussten wir uns hier zu viert einigen, wer seinen Ellenbogen auf die Armlehnen aufstützen durfte. Manchmal erzeugte die erzwungene Nähe eine peinliche steife Beklemmung und mir taten alle Knochen weh; manche machten aus der Not eine Tugend, entschieden sich zur Gemeinschaft, teilten ihre Geschichten und das mitgebrachte Essen.

Mittlerweile gab es hier in Sibiu viele ausländische Waren zu kaufen, Nutella oder Coca Cola, Pampers und Palmolive. Ich kaufte aus Prinzip nur einheimische Produkte, trank mit Sprudel aufgegossenen Tannenspitzensirup und selbst gebrannten Schnaps, aß Brot und Speck und rote Zwiebeln von fettigem Packpapier, zum Frühstück Hammelbraten und zum Nachtisch eingezuckerte unreife Walnüsse. Von Johann wusste ich, dass alle Mineralwässer, die mit 'B' anfingen, unbedingt vertrauenswürdig waren (Biborteni, Borsec usw.) und das man sich auf dem Wochenmarkt vor allzu dickflüssiger Sahne hüten sollte, da sie mit Mehl oder Kleister gestreckt sein könnte.

Daheim in Deutschland war ich eher der Typ Mensch gewesen, der sich bildlich vorstellen konnte, wie die Wurst im Kühlschrank pünktlich nachts um zwölf Uhr schlecht wird, weil das Mindesthaltbarkeitsdatum es so will. Experimente beim Essen waren nicht meine Sache. Hier war ich auf einmal richtig mutig und ich genoss es! Andächtig trank ich die frische Milch vom Bauern, denn für die dünne Milch aus dem Geschäft hätte ich immer noch morgens früh um fünf Uhr aufstehen müssen. Ich liebte die einheimische säuerliche Butter, die es leider nur selten gab. Klopapier und frischen Joghurt in grünlichen Gläsern brachte ich vom Einkauf mit wie ein Jäger seine Beute. Ich lernte die Freude und den Genuss an den einfachen Dingen.

Freude, Vorfreude, Weihnachtsvorfreude: mein erstes Weihnachten stand bevor und meine Freunde wünschten sich… ein Schwein! Johann hatte sich mit seinem Bruder Kurt zusammengetan und jeder sollte eine halbe Sau bekommen. Früh am Morgen fuhren wir zu viert mit der alten Dacia Kombi in das Dorf Cristian zu einem Bauern. Ich hatte meinen Fotoapparat dabei.

Die beiden bestellten Schweinehälften waren noch beieinander, als wir ankamen, aber schon nicht mehr quietschvergnügt. Die große Sau war in einen kleinen Holzverschlag eingesperrt, der an den Seiten Tragestangen hatte, wie eine Sänfte. Darin wurde das riesige Tier auf eine Waage gewuchtet. Danach trat der Thomas-Onkel in Aktion. Der kleine drahtige Mann, den die Brüder extra für diesen Job engagiert hatten, verstand sein Handwerk. Er schnitt dem Schwein, das von mehreren Männern festgehalten wurde, mit sicherem Schnitt die Kehle durch und schon bald floss das Blut, viel Blut, die betonierte Rinne entlang unter dem Hoftor durch, auf die Straße. Das verzweifelte Quieken des Schweins nahm ich nur gedämpft wahr wie ich auch die Schlachtung nur durch die Linse meines Fotoapparates gesehen hatte. Derweil erzählte Kurt Geschichten von panischen Schweinen, die ihrem Schlächter entkommen waren und nun ihrerseits für Panik gesorgt hatten. Aber ihrem Schicksal war keines von ihnen entgangen. Die Bauersleute betrachteten mich verwundert und amüsiert, wie ich fotografierte. Dann wurde die Aktion mit einem Schnäpschen besiegelt und dann das tote Schwein ins Auto gehievt.

Zu Hause angekommen, beobachtete ich, wie es in Stroh eingepackt und angezündet, dann gewaschen, aufgeschnitten und zerteilt wurde. Mit einem Stück Rippe und einem guten Stück Fleisch ging Kurt zum Fleischbeschauer und kam mit einem kleinen gestempelten Zettel zurück. Jetzt konnten auch die Ängstlichen unter uns etwas von den leckeren Stücken essen, die traditionell nach der Schlachtung gebraten und gemeinsam gegessen wurden.

In den nächsten Tagen roch Kurts und Annis kleines Häuschen nach Fleisch und nach Knoblauch und anderen Gewürzen vom Wurstmachen und Saumagenfüllen und überall standen fettige Schüsseln herum. Von der Decke hingen die Würste herab und der Speck lag mit Salz bestreut im Keller und wartete auf das Räuchern. Seither habe ich großen Respekt vor den Bauersleuten und ihrer Arbeit, obwohl ich immer noch kein Freund von Schweinefleisch bin.

Die Diskussion um die Schlachtmethode der rumänischen Bauern kann ich nicht verstehen. Die Bauern, die ich kennenlernte, behandelten ihre Tiere wie ein wertvolles Gut, fütterten und pflegten sie, um sie zu schlachten und davon zu leben. Nicht mehr und nicht weniger. Haben die, die sich da aufregen, mal einen modernen Schlachthof von innen gesehen?

Handwerk hat doppelten Boden
(oder: Dienst-Leistung ist ein irreführender Begriff)

Ich hatte mich schnell eingelebt in meiner neuen siebenbürgischen Heimat. Einige deutschsprechende Freunde und meine Aufgaben in unserer kleinen christlichen Gemeinschaft gaben mir das Gefühl von Zugehörigkeit. Das einfache Leben, die täglichen Herausforderungen und mancher Mangel hatten auch auf mich wie auf viele andere zivilisationsmüde Ausländer einen berauschenden Effekt. „Es geht voran, es lohnt sich zu hoffen und zu warten und zu arbeiten", sagte das Leben zu mir, und Träume von Kindertagen bei Oma auf dem Land und von Blümchenkaffee in Blümchentassen wurden wieder wahr.

Nach nicht einmal einem Monat erwartete mich eine erste große Herausforderung: ich sollte es mit einem leibhaftigen rumänischen Handwerker zu tun bekommen. Dessen Dienstleistung konnte seinerzeit so recht ursprünglich genossen werden, da sie in der Regel durch keinerlei schriftliche Übereinkunft in ihrer Entfaltung behindert wurde. Die Geschäftsbeziehung konnte sich so im Verlaufe der Arbeiten flexibel entwickeln. Natürlich gibt es Regeln im Umgang mit Handwerkern, und die trägt der in Rumänien eingeborene Mensch wohl als so eine Art kollektives Erbe in sich.

Johann und Beate, die unsere kleine Gemeinde leiteten, hatten ein altes verwahrlostes Haus gekauft. Das war in so einem desolaten Zustand, dass alle, die es besichtigten, angesichts der verschimmelten Wände und kaputten Fenster und Türen kaum ihr Mitleid verbergen konnten.

Johann und Beate waren, knapp Mitte 20, wohl die zielstrebigsten Menschen, die ich bis dahin kennengelernt hatte. Sie bezogen das Haus und begannen an allen Ecken und Enden mit dem Umbau.

Die Beschaffung von geeigneten Materialien war schwierig. Oft kamen auch die bestellten Handwerker nicht zu den abgesprochenen Terminen, so dass Johann sie mehrfach zu Hause aufspüren musste. Trotzdem waren schon einige Arbeiten erledigt und die beiden hatten ein paar Tage Urlaub am Meer dringend nötig, zumal Beate ihr erstes Kind erwartete.

Zwischen Plastikfolien und Farbeimern und im Schatten der bis zur Decke aufgestapelten Umzugskartons trat ich meinen Dienst als Haus-Sitter an. Damit nun auch in Abwesenheit der Bauherren die Arbeit vorangehen sollte, war der Maurer bestellt. Der sollte die Tür vom Schlafzimmer in die Küche um einen Meter versetzen und die Eingangstür auswechseln. Probleme seien diesmal keine zu erwarten, versicherte mir Johann. Der Maurer, der nur eine Straße entfernt wohnte, kenne seinen Arbeitsauftrag ganz genau. Nur aufpassen sollte ich, dass nix wegkäme und dass sich die Kollateralschäden in Grenzen hielten. Da es auch hier kein Telefon gab, würde ich für die nächsten Tage ganz auf mich allein gestellt sein.

Ich winkte dem Wagen nach, wie er aus dem Hof fuhr und Richtung Hauptstraße abbog und hatte ein komisches Gefühl. Der Maurer kam an einem Donnerstag und trug eine Hornbrille mit den dicksten Gläsern, die ich je gesehen hatte. Die dicken Linsen verliehen ihm ein verschrecktes Aussehen. Er hatte einen jungen Burschen dabei, fürs Grobe.

Von meinem Aussichtsplastikstuhl im Hof beobachtete ich über den Rand meines Buches, wie der Meister in der Küche werkelte. Gegen Nachmittag verließ er dann plötzlich die Staubwolke, die ihn eingehüllt hatte und verließ mit einem flüchtigen Gruß den Hof, was ich als Feierabend deutete. Da der Junge fürs Grobe offensichtlich nicht dazu gekommen war, das Grobe auch wegzumachen, hatte ich an diesem Abend reichlich zu tun: Ich schleppte den Schutt in den Hof und schüttelte den roten Ziegelstaub von den diversen Folien über Herd und Schränken und von meiner Bettdecke. Mit einem nassen Handtuch schlug ich die vielen spätsommerlichen Fliegen tot.

Nachts brummte beruhigend die Uraltkühltruhe in der Zimmerecke und ich warf hin und wieder einen Blick auf das kleine Lämpchen an ihrer Seite. Grün hieß: Alles war gut.

Ich fühlte mich ziemlich verloren, aber auch *sehr* mutig: Ich, allein, mitten in Rumänien und schon nach kürzester Zeit in der Lage, wichtige Aufgaben souverän zu bewältigen! Am nächsten Morgen wollte Brille seine Arbeit an der Schlafzimmerwand nicht fortsetzen; stattdessen nahm er die alte Eingangstür in Angriff und warf sie auf den Schutthaufen im Hof. Dann ging er. Die Tatsache, dass sein Abschied wortreich und von vielen Gesten begleitet war, ließ nichts Gutes ahnen. In der Tat: Morgen, also am Samstag, so erklärte mir die sächsische Nachbarin ohne jede Verwunderung, sei ein Feiertag, da werde nicht gearbeitet, danach der Sonntag, da werde natürlich auch nicht gearbeitet, dann also bis Montag!

So blieb mir nichts weiter übrig, als durch das traurige Loch, welches Brille gelassen hatte, in meinen Bau zu schlüpfen. Mittels einer alten Decke und einigen Nägeln versperrte ich den neugierigen Nachbarn von gegenüber, die von ihrem Fenster in meinen Hof schauen konnten, zumindest den Einblick in den Flur und ins Arbeitszimmer, wo sich Videokassetten, Rekorder, Kopiergeräte stapelten. Für die damalige Zeit eine wahre Schatzkammer technischen Fortschritts!

An diesem Abend schien die Straßenlaterne besonders tröstend durch das gardinenlose Fenster in mein Bett und ich fragte mich, ob wohl jemand vorbeikäme, um nach mir zu sehen. Ich konnte ja niemanden benachrichtigen, da ich nun mein offenes Haus nicht mehr alleine lassen konnte. Kein Telefon, kein reitender Bote, nicht mal eine Brieftaube... Ich bekam meine erste rumänische Migräne.

Zum Glück musste ich am nächsten Tag nicht lange warten, bis jemand kam, um nach mir zu sehen. Abwechselnd hielten die lieben Geschwister aus unserem Hauskreis an meiner Stelle Wache und so konnte ich alle meine Termine wahrnehmen. Allerdings war niemand besonders erstaunt über Brilles Verhalten. Der kam am Montag wieder und in einer zweitägigen, von keinerlei Feiertag unterbrochenen Anstrengung erledigte er die ihm aufgetragene Arbeit.

Zum Arbeitsergebnis konnte ich nicht viel sagen, fehlten mir doch damals noch die passenden Worte, wie z.B. *Wasserwaage*, *Turm von Pisa* oder *Unverschämtheit*. Brille nahm mein fassungsloses Schweigen als Zustimmung und verabschiedete sich. Ich blieb beschämt zurück. Es war sehr, *sehr* deutlich zu sehen, dass die Tür schief hing und ich hatte mich nicht mal getraut, richtig böse zu gucken. Hatte Brille einfach ziehen lassen. Eine tolle Hilfe war ich!

Johann und seine Frau kamen vom Meer zurück. Das bisschen Erholung, das ihnen auf dem holprigen Weg von Mamaia am Schwarzen Meer noch geblieben war, verflüchtigte sich, als sie sahen, dass sie auch bei geschlossener Türe von der Küche durch einen beachtlichen Schlitz am oberen Türrand in ihr Schlafzimmer sehen konnten. Auch die neue Haustür ließ sich nicht abschließen. Johann hatte kaum sein Gepäck abgestellt, da hatte er auch schon den Handwerker angeschleppt, zur Schnecke gemacht, rausgeworfen und sich an die Reparatur der Türen gemacht. Und obwohl ich zu diesem Zeitpunkt erst wenige Wochen im Lande war, dämmerte mir, dass es wohl doch nicht so einfach war, „Rumäne" zu sein.

Es wird (kein bisschen) romantisch

Mögen Sie Liebesgeschichten? Ich meine, so richtig *romantische* Liebesgeschichten??? Also, ich schon!

Aber leider bin ich einfach nicht der Mensch, der das in die Praxis umsetzen könnte. Mit meiner Berliner Mitbewohnerin Christine hatte ich noch zu Zeiten, als keine von uns auch nur einen Partner in Aussicht hatte, begeistert in Katalogen mit Hochzeitskleidern geblättert und *„Dieses Kleid hier oder keins!"* gerufen, aber wirklich ernst war es mir nicht. Christine aber hatte es, das Romantik-Gen! Mit ihrem Knut verlobte sie sich in einem Ruderboot, mitten auf dem Plötzensee. Dabei aßen sie Erdbeeren und tranken Champagner. Wunderschön!

Bei mir lief es ganz ähnlich, nur ohne Boot, ohne See und ohne Schampus – und, ganz ehrlich, auch an Erdbeeren kann ich mich nicht erinnern.

Kaum war ich in Rumänien, schon war ich verknallt. Kein Wunder, denn hier waren die Männer irgendwie anders, exotischer! Während ich also noch einen jungen Mann namens Nelu anschwärmte und mich anschwärmen ließ, tauchte *er* auf: Etwas schüchtern, fröhlich und weder des Deutschen noch des Englischen mächtig. Costel war so ganz und gar nicht mein *Prince Charming*: Ein ehemaliger Taschendieb, aus ärmlichen Verhältnissen stammend. Jetzt Bibelschüler, Kunstmaler und Bauhelfer ohne feste Anstellung. Und eins war klar, sonnenklar, klar wie dicke Tinte, Kloßbrühe und was immer sonst noch richtig klar ist: Kultur- und Bildungsunterschiede sowie die Sprachbarriere würden eine Beziehung unmöglich machen.

Mit dem Wörterbuch in der Tasche und so ungefähr zwei Jahre und tausend Missverständnisse, Bedenken und Warnungen später heirateten wir.

Übrigens waren wir ziemlich pleite. Costel hatte gerade seine Bibelschule beendet; ich bekam etwas Geld aus Deutschland für meine Arbeit in einem christlichen Mediendienst. Meine Mutter hatte uns ein Geldgeschenk zugesagt. Das musste genügen.

Unsere Hochzeit fand in Hermannstadt in Rumänien statt, denn wie hätten wir alle unsere rumänischen Freunde aus der Bibelschule und unserer kleinen Gemeinde nach Deutschland bringen sollen? So war es einfacher, meine Mutter und meinen Bruder einfliegen zu lassen. Zudem hielten wir das auch für die preiswerteste Variante... zumindest solange, wie wir nicht wussten, dass das örtliche Krankenhaus für die Ausstellung eines Ehetauglichkeitspapiers 500 Dollar haben wollte. Allerdings nur von mir. Für meinen Mann, der in Lei bezahlen durfte, sollte dieselbe Bescheinigung nur umgerechnet fünf Dollar kosten.

Auf der Suche nach einer Alternative lernten Costel und ich einige niedergelassene Ärzte kennen, die mir auch für preiswerte 200 Dollar liebend gerne alles Mögliche bescheinigt hätten; leider war keiner von ihnen sicher, dass sein Attest vom Standesamt anerkannt würde. Nach tagelanger und nervenzehrender Sucherei gab uns ein mitleidiger Mitarbeiter des Standesamts die Adresse einer privaten Poliklinik, die uns endlich für ehetauglich, zurechnungsfähig und tuberkolosefrei erklärte.

Und dann war es soweit:

In einem zartgrünen Kostüm, dass mir meine beste Freundin Moni für die standesamtliche Trauung geliehen hatte, zusammen mit einer cremefarbenen Bluse und passenden Strümpfen, trippelte ich mit meinen (wirklich *meinen*, denn Moni hat Schuhgröße 43) schicken weißen Schuhen vorsichtig über den matschigen Hof des Standesamtes. Es wurde hier nämlich gerade gebaut. „Baustelle im November", das gibt wohl kein Kalenderblatt.

Mein Mann sah so gut aus in Johanns dunkelgrünem Anzug. Auch zur kirchlichen Trauung würde er einen geliehenen Anzug tragen, in edlem Grau mit Weste und Fliege. Eine amerikanische Freundin, die sich später die Bilder ansah, war sehr beeindruckt, da doch sonst die Männer, phantasielos wie sie wären, immer in ein- und demselben Anzug in Standesamt und Kirche erschienen!

Wir sind nun schon fast 25 Jahre verheiratet. Einen eigenen Anzug hat mein Mann immer noch nicht. Aber wir denken ernsthaft über die Anschaffung nach.

Außer unseren Verwandten begleiteten uns noch ein paar enge Freunde an diesem nebligen, regnerischen Tag Ende November. Wer es wirklich romantisch will, heiratet auf keinen Fall im November.

Der Standesbeamte trug die rumänische Flagge als Schärpe über dem Bauch. Die Trauung dauerte nicht lange. Mein Bruder, der zuvor noch meine Mutter mit einem knappen „Fang' jetzt bloß nicht an zu heulen!" instruiert hatte, weinte, als Einziger übrigens, und meine Mutter lud uns alle ins angesagte Kellerlokal *Sibiul vechi* zum Mittagessen ein.

Die kirchliche Trauung und die richtige Hochzeitsfeier fanden dann am nächsten Tag statt. Bis dahin hatten wir noch einiges zu überstehen, da unsere Familien auch bei uns übernachteten. Ich konnte mich dumpf entsinnen, dass in Christines Hochglanzzeitschriften davon dringend abgeraten wurde. „Die Brautleute sollen sich ganz auf ihren großen Tag vorbereiten können." Unsere Bude war rappelvoll.

Wir hatten vergessen, allen zu erklären, dass das Wasser aus der Badewanne nicht auf einmal abgelassen werden durfte. Alle wollten baden und unser Flur stand einige Zeit unter Wasser. Mama kürzte noch schnell Costels Hosen, bügelte sein Hemd, half mir mit den Haaren. Costels Schwestern und seine Mutter werkelten in der Küche.

Typisch, dass ich noch nicht erwähnt habe, was ich anhatte! Typisch auch, dass keiner bisher gefragt hat. Meine deutsche Schwägerin hatte mir ihr Brautkleid überlassen. Beate hatte die nötigen Änderungen vorgenommen, nachdem mein ehrgeiziger Versuch, mich gemeinsam mit meinem alten Freund Dr. Atkins hinein zu hungern, kläglichst gescheitert war. Ich muss sagen, dass ich nach einiger Zeit doch noch so viel Luft bekam, um die ersten Stunden unserer frischen Ehe zu überleben. Beate ist eine geniale Schneiderin, hatte aber den Taillengürtel nicht verlängern können.

Unsere Hochzeit war wunderschön, auch ohne Torte. Die hatten wir total vergessen und es hatte uns keiner gesagt, dass wir eine bräuchten. Wir versäumten es auch, uns mit jedem der Gäste einzeln fotografieren zu lassen. Dass diese Prozedur ein absolutes *Muss* ist auf einer rumänischen Hochzeit, ging mir erst später auf. Und so empfand ich das Verhalten einer unserer Gäste ziemlich befremdlich. Die Dame war mir nämlich immer dicht auf den Fersen mit der Frage, wann sie denn jetzt endlich mit uns zusammen fotografiert würde. Ich denke, sie fand mich auch merkwürdig.

Das Essen in dem Restaurant, das wir gemietet hatten, war pünktlich und richtig gut; es war eine entspannte, ungezwungene Feier. Es gab auch ein nettes Programm, in dessen Verlauf endlich die Frage geklärt wurde, warum ich *wirklich* nach Rumänien gekommen sei. Die Antwort war einleuchtend: Weil es nämlich das Land ist, in dem Milch und Honig fließen! Jawohl! Milch um ca. fünf Uhr morgens vor der *alimentara* und Honig von privat für 120 Lei/kg, Glas ist mitzubringen. Wir bekamen einen Kühlschrank geschenkt, der mit einer riesigen apricotfarbenen Schleife verziert war.

Die Einladung zu einer Hochzeit in Rumänien, das muss man wissen, verpflichtet dazu, *Geld* zu schenken, und zwar mindestens so viel, das der eigene Verzehr damit gedeckt ist. Jeder Restaurantbesitzer ist darauf vorbereitet, am Eingang dezent die Frage der Gäste nach dem Preis eines Gedecks zu beantworten, damit die Eingeladenen wissen, wie viel Geld sie mindestens in den Umschlag packen müssen. Manchmal kann er dabei im Auftrag der Brautleute auch etwas übertreiben. Die meisten unserer Gäste waren Bibelschüler mit begrenztem Budget. Wir wollten sie aber alle dabeihaben und so hatten wir die Parole „*Kühlschrank*" ausgegeben, damit sich jeder nach seinen Möglichkeiten beteiligen konnte.

Geld bekamen wir trotzdem. Auch Gäste, deren prekäre finanzielle Situation wir nur zu gut kannten, überreichten uns Umschläge, als die Zeit für die Gratulationen gekommen war. Später zogen wir uns an einen Tisch in der Ecke zurück, öffneten Umschläge und schafften es, mit den Geldgeschenken in rumänischer Währung das Restaurant und die Bedienung zu bezahlen.

Angesichts des Matratzenlagers in unserer Wohnung verbrachten wir die Hochzeitsnacht in einem Hotel.

Tags drauf schneite es dann schon. Am Montagmorgen – alle Gäste hatten am späten Vorabend die Heimreise angetreten – sagte mein Mann: „Weißt Du was? Lass uns doch zu meinen Eltern fahren und dann sehen wir weiter." Und ich sagte: „Is' gut". Womit die Planungen für unsere Hochzeitsreise in die Schlussphase eingetreten waren. Hatte ich erwähnt, dass weder mein Mann noch ich eine romantische Ader haben...?

Tatsächlich hatten wir eine Menge Spaß auf unserer Hochzeitsreise! Wir besuchten also Bekannte und Verwandte rund um Piatra Neamt. Die Stadt ist umgeben von Bergen und hat trotz der vielen Wohnblocks immer noch etwas malerischen Charme. Den beguckten wir uns von vorne und hinten und wieder von vorne.

Zu Hause bei Costels Eltern war nicht viel los. In dem kleinen Dorf Potoci hoch in den Bergen, oberhalb des großen Stausees, verbrachten wir eine Nacht bei Costels Jugendfreunden. Morgens war das Kühlwasser in unserer Dacia gefroren und so konnten wir noch ein wenig dableiben, bis wir es wieder aufgetaut hatten. Wir hatten ja keine Eile.

Gut so, denn ganze zwei Tage mussten wir danach an der Benzinschlange anstehen, da wegen des Jugolawienembargos ein reger Treibstoffschmuggel über die Grenze eingesetzt hatte. Das Benzin war im ganzen Land innerhalb weniger Tage knapp geworden.

Im Auto spielten wir Canasta, um die Wartezeit herumzukriegen und legten die Karten auf dem Armaturenbrett aus. Abends, als der Tankwagen immer noch nicht gekommen war, verließen dann alle Wartenden ihr Auto, um nach Hause zu gehen oder sich einen Schlafplatz in der Stadt zu suchen. Das taten wir auch und mieteten uns im Hotel Zentral ein. Am nächsten Morgen nahmen Costel und ich und die anderen unseren Platz im Auto wieder ein: Canasta und Warten, ab und zu ein kleiner lauwarmer Kaffee vom Kiosk.

Um zehn Uhr kam der Tankwagen und verbreitete Erleichterung. Als er wieder weg war, stellte sich heraus, dass ausgerechnet die schicke neue elektronische Zapfsäule über dem frisch gefüllten Tank nicht funktionierte. Es bildete sich, wie immer, wenn irgendwo ein technisches Problem auftritt, eine Gruppe diskutierender Männer. Das kann man z.B. auch auf einem Campingplatz ausprobieren: Haube vom Auto aufklappen, Lappen in die Linke, mit der rechten ein bisschen am Motor herumfingern; sofort kommen Bastler und solche, die sich dafür halten, aus allen Löchern und man hat Spaß. Und findet Lösungen.

So auch hier. Es dauerte allerdings längere Zeit, bis jemand die Idee hatte, das Benzin in einen anderen unterirdischen Tank umzupumpen, über dem eine gewöhnliche klassische Zapfsäule montiert war. Endlich konnten wir tanken, allerdings wurden Kanister nicht befüllt.

In unserem winzigen Zimmerchen bei Costels Eltern war eine Fensterscheibe kaputt. Es war winterlich kalt und zog wie Hechtsuppe. Wir hatten Angst, das elektrische Rechaud allzu lange eingeschaltet zu lassen, weil wir nicht sicher waren, ob die Leitungen des einfachen Bauernhäuschens das vertragen würden. Und den alten Leutchen, die ohnehin wegen des astronomischen Stromverbrauchs in Panik waren, wollten wir nicht noch einen Kabel- oder gar Hausbrand zuzumuten.

„Könnt ihr bitte mit dem Krach aufhören?" beklagte sich Taticu am Abend. Damit meinte er das regelmäßige Aufknallen des Würfelbechers auf ein dickes Buch, denn wir hatten grade unsere Kniffel-Phase und die Wände waren dünn.

Für drei Nächte leisteten wir uns das schicke Hotel *Ceahlaul* in Piatra Neamt. In der Hotelhalle setzte ich mein freundlichstes Lächeln auf und blieb ansonsten stumm wie ein Fisch, und das alles nur, damit nicht der Ausländertarif Anwendung fand.

Iasi, die wunderschöne Stadt der großen Herrscher Moldawiens, wird uns auch unvergesslich bleiben, allerdings nicht wegen ihrer großartigen Baudenkmäler! Vielmehr waren es die bretthart gestärkten Laken in unserer Unterkunft bzw. das Geräusch, mit dem sie zerrissen, als wir sie – selbst ist der Gast – aufziehen wollten.

Das „Hotel Sport" verdiente seinen Namen wirklich, wenn man mal davon ausgeht, dass Askese und Beschränkung auch ihren Teil zur Fitness beitragen. Im Badezimmer gab es keine Haken und aufgrund der prekären hygienischen Zustände hätte man Handtuch und Kulturbeutel eigentlich zwischen den Zähnen halten müssen. Draußen war es kalt und es nieselte aus einem tiefen grauen Himmel. Wir schoben vorsichtig zwei der drei gestärkten Einzelbetten zusammen, aßen gemeinsam ein halbes Kilo Eiscreme und gingen früh schlafen.

Zurück in Piatra Neamt. Beim Besuch des zoologischen Gartens, nicht größer als ein halber Sportplatz, verharrte ich einige Momente stumm vor zwei Käfigen. An einem stand *caine* (Hund), am andern *gaina* (Huhn). Es hatte mit den Schildern durchaus seine Richtigkeit, wie wir zweifelsfrei feststellen konnten. Ein paar Käfige weiter gab es auch echte Bären. Die leckten, in einer sich immer wiederholenden, wiegenden Bewegung ihrer mächtigen Körper, mit der langen Zunge die letzten dunkelgrünen Farbreste von den rostigen Gitterstäben. Hund und Huhn waren entschieden besser dran.

Die metallenen Schaukeln auf dem Spielplatz nebendran standen verwaist und eiskalt und der Fisch aus Kachelmosaik vom Boden des Springbrunnens lag auf dem Trockenen. Wir blieben nicht lange.

Zwischen Zoo und Naturkundemuseum aßen wir im Auto Wurst und Brot direkt von dem Quadratmeter Packpapier, in den die Verkäuferinnen die Wurst einzuwickeln pflegten, *bevor* sie die Ware wogen, natürlich.

Leider werden wir unseren Enkeln einmal nicht sagen können: „Schau mal hier, Oma und Opa auf ihrer Hochzeitsreise! Da liegt grade der Opa unterm Auto und lässt das Kühlwasser aus der Dacia, damit es nachts nicht einfriert". Wir hatten keinen Fotoapparat dabei. Ich werde diese Reise trotzdem nie vergessen.

Ich falle aus dem (Gesetzes-)Rahmen

Anfang der 90er gab es nur wenige westliche Ausländer in Rumänien, die *nicht* Delegierte einer großen Firma, Ausgesandte von Hilfsorganisationen oder Konsulatsangestellte, sondern einfach nur ehrenamtlich tätige Privatpersonen waren. Die Ausländerbehörde gab mir das Recht zum Aufenthalt, aber wie ich im konkreten Fall einzuordnen war, wusste keiner so genau.

Es war noch kein neues Ausländergesetz in Kraft getreten, und so lebte ich in den ersten Jahren so ganz inoffiziell, aber auch unkompliziert vor mich hin. Ich konsultierte wie alle anderen aus unserem Wohnviertel die zuständige Hausärztin im *Dispensar* und bekam Rezepte und Behandlungen, ohne dass irgendjemand die handschriftlichen Verordnungen, die Frau Doktor ihrerseits ohne Zögern ausstellte, hinterfragt hätte.

Einmal musste ich ambulant operiert werden. Weil es diesmal ein Notfall war, versuchte ich, ganz offiziell, gewissermaßen durch den Vordereingang, eine Genehmigung und Erstattung durch meine deutsche Krankenkasse einzuleiten. Es war die Krankenhausverwaltung selbst, die mir riet, doch lieber mit dem Arzt zu sprechen und die Angelegenheit mit ihm und der assistierenden Schwester persönlich zu regeln.

Als die Geburt unseres ersten Kindes bevorstand, wollte ich aber dann doch gerne *vorher* wissen, ob ich im Krankenhaus aufgenommen werden würde. Die Krankenhausverwaltung war diesmal nicht so kooperativ und hielt mir eine Vorschrift unter die Nase, wonach Ausländer *eine assistierte Geburt* – und so etwas sollte es dann schon sein – *in Dollar zu bezahlen* hätten, genauer gesagt, in 800 Dollar. Danach ließen wir die Sache zunächst auf sich beruhen, denn wer viel fragt, kriegt viel Antwort. Stillhalten hatte sich bislang immer als die beste Strategie erwiesen.

Als die Wehen einsetzten, wurde ich also mitten in der Nacht im Krankenhaus vorstellig und behauptete, meinen Ausweis vergessen zu haben. Da es eine ganze Menge rumänischer Staatsbürger gibt, die mit Akzent sprechen, hoffte ich, als Siebenbürger Sächsin oder vielleicht Ungarin durchzugehen. Erst mal entbinden, dann weitersehen.

Es war ausgerechnet mein eigener netter Frauenarzt, der meinen raffinierten Plan im Ansatz scheitern ließ. Er rief, als er mich im Flur stehen sah, laut aus: "Schauen Sie mal: Eine Deutsche, die hierher geheiratet hat und dann auch noch ein Kind hier bekommt! Stellen sie sich das mal vor!" Der Chefarzt war kein bisschen beeindruckt und herrschte mich an, dass er mich ohne Ausweis gleich rausschmeißen könne. Aber ich blieb und die kleine Emily kam durch Kaiserschnitt auf die Welt, eine kleine neue Rumänin mit 1500 Dollar Schulden am Hals.

Zum Schluss hatte dann der oberste Chef des Krankenhauses doch noch ein Einsehen. „Soll ich mich denn von meiner deutschen Frau trennen, nur weil ich mir nicht leisten kann, dass sie mein Kind zur Welt bringt?", hatte mein Mann ihn gefragt. Und das konnte ja nun wirklich niemand zulassen, oder?

Mit den Jahren kehrte etwas mehr Ordnung auch ins rumänische Gesundheitssystem ein, zunächst mal in die Abteilung *Leistungsabrechnung*. Ohne einen CNP, einen persönlichen Zahlencode auf der Überweisung oder dem Rezept, wollte nun kein Computer meine Daten annehmen. Die Krankenkasse gab mir daraufhin einen CNP, mit meinem Geburtsdatum drin und ansonsten lauter Nullen. Das brachte mir so manchen ungläubigen Blick ein, wenn ich die Zahlen irgendwo eintragen musste.

Außerdem entbrannte eine rege Diskussion, ob eine *ausländische* Ehefrau bei einem ganz normalen rumänischen Werktätigen familienversichert sein dürfe. Die Angelegenheit wurde abschlägig entschieden und so musste ich eine Pauschale für einige Jahre nicht geleisteten Beitrag nachzahlen, um dann reguläres Mitglied zu werden. Es blieb schwierig.

Und es trainierte kontinuierlich mein Gedächtnis, denn nun wollte der Ausländerbehörde mein Zahlencode von der Krankenkasse so gar nicht gefallen. Ich bekam einen neuen Code, den ich auswendig lernen musste, denn ohne CNP geht nichts. Neues Stirnrunzeln war ebenfalls gewährleistet. Mein CNP hatte als erste Zahl eine 8. Eine 1 als erste Ziffer bedeutet männlich, eine 2 weiblich. Ich war also 8, Ausländer. Wer war 3 bis 7?

„Ach, Taticu!"
(oder: Wer ist für meine Unterhaltung zuständig?)

Mein Mann kommt aus Piatra Neamt, d.h. aus dem rumänischen Teil von Moldawien. Mamica und Taticu, wie er seine Eltern nennt, schlugen sich mit der kleinen Waldarbeiterrente mehr schlecht als recht durch. Ein großer Garten, einige Hühner und Hasen und manchmal beim Nachbarn aushelfen half beim Überleben.

Die Armut und die hohe Arbeitslosigkeit lastete (und lastet noch heute) schwer auf der ganzen Gegend. Viele Menschen wirkten resigniert und müde; wer nur irgend konnte, suchte sein Glück in Spanien, Italien und Israel. Die großen Tierzuchtanlagen lagen schweine-, schafe- und menschenleer und die Fabrikhallen der Staatsbetriebe waren längst heruntergewirtschaftet, verscherbelt oder verlassen.

Dafür war aber das *Bufet* des Dorfes, wo es Bier und Schnaps gab, immer voller Menschen. Zu denen gehörte auch mein Schwiegervater Vasile, ein verschmitzter Mann mit einem feinen Humor, für den das Leben in dem schmucklosen Ort immer zu klein gewesen war. Freiwillig war er ja auch nicht dorthin gekommen, sondern war zwangsumgesiedelt worden, als er seine eigentliche Heimat für den großen *Bicaz*-Stausee verlassen musste. Vielleicht hätte er Journalist werden können oder Kaufmann… in einem anderen Leben. Jetzt investierte er seine Energie nur noch darin, seine häufigen Besuche im *Bufet* gegen seine Frau und Töchter zu verteidigen.

Mein Mann hatte oft von seiner Kindheit in *Caciulesti* erzählt, eine echte Dorfkindheit mit derben Streichen, Hühnerstehlen und Schafehüten und Schweinerückenkraulen. Aber als Jugendlicher war er immer seltener zu Hause gewesen, war rebellierend und suchend aus der dörflichen Enge ausgebrochen.

Nach unserer Hochzeit lebten wir schließlich an die 300 km weit weg von Caciulesti. Wir wohnten zur Miete. Das war eine recht unsichere Sache, denn wir hatten, wie die meisten in unserer Situation, natürlich keinen Mietvertrag. Theoretisch wohnte mein Mann bei einem Freund, der ihm somit zu einer offiziellen Hermannstädter Adresse verholfen hatte.

Seit über zwei Jahren hielt ich mich nun mit einem Touristenvisum in Rumänien auf, welches jeweils bis zu einer maximalen Dauer von vier Monaten verlängert wurde. Ich reiste ein und aus und wieder ein. Das sollte sich jetzt ändern, denn nun würde ich mein Visum aufgrund meiner Ehe mit einem rumänischen Staatsbürger bekommen!

„Aber nicht von uns", belehrte mich die Dame von der Hermannstädter Visastelle, denn eine einfache Mietwohnungsadresse sei dafür nicht ausreichend. Kein Wohneigentum, keine Anmeldung des Ehepartners. Genervt machten wir uns auf den Weg nach Piatra Neamt.

Hier auf der anderen Seite der Karpaten hatte mein Mann in seinem Elternhaus nun zwar die nötige offizielle Adresse als Sohn des Hauses, es mangelte ihm aber an einem hiesigen Einkommensnachweis. So konnten wir nicht belegen, dass mein Unterhalt in der Fremde gesichert war, außer... ja, außer mein Schwiegervater würde mit seinem Rentenbeleg für mich geradestehen und beim Amtsgericht allen Ernstes und in schriftlicher Form erklären, dass er mich beherbergte und unterhielt! Dass er mit seiner winzigen Rente außer mir auch noch eine Frau und eine unverheiratete Tochter durchbrachte, war völlig unerheblich, solange sich nur jemand zuständig erklärte.

Taticu kam willig mit uns in die Stadt. Dem kleinen alten Mann, der wie immer leicht angetrunken war, wurde es auf dem Rücksitz unseres Wagens aber recht schnell langweilig. Nun wartete ich mit ihm schon eine halbe Ewigkeit vor dem *tribunal* Piatra Neamt auf Costel und wusste nicht mehr, wie ich Taticu noch beruhigen sollte. Schließlich kletterte er aus dem Wagen und betrat die Behörde. Hier drängte sich der resolute Alte zwischen all den Wartenden hindurch, auf der Suche nach seinem Kind. Er betrat mal diesen, mal jenen Raum: *„Hat hier jemand meinen Jungen gesehen?"*

Mein Mann gestand mir später, dass er ihn kommen sah und ihn, peinlich berührt, aus sicherer Entfernung eine Weile beobachtete. Zum guten Schluss landete mein Schwiegervater dann im richtigen Büro und unterschrieb das rettende Dokument.

Als Taticu mit Costel wieder ins Auto einstieg, war er bester Stimmung. Da er sich hatte ausweisen müssen, befand sich nun in seiner Hosentasche sein Personalausweis, den ansonsten seine Frau unter Verschluss hielt. Damit würde er nun endlich mal wieder selbst seine Rente in Empfang nehmen und sich mächtig amüsieren.

Auto fängt mit „Au!" an

Als ich nach Rumänien kam, konnte ich mich nicht rühmen, je in meinem Leben ein auch nur *annähernd neues* Auto besessen zu haben. Der alte Passat, ein echter Berliner übrigens, mit dem ich nach Rumänien gekommen war, überstand seine zweite Langstrecke dieser Art nicht und so war ich wieder Fußgänger. Von einem Pastor aus der ehemaligen DDR bekam ich dann ein Auto, welches mich fast zur echten Rumänin werden ließ: Eine Dacia Berlina. Ja, ein**e,** denn *die* Dacia ist *weiblich*. Für den Export hergestellt, trug sie die Nase etwas höher als die anderen Dacias und erregte den Neid der anderen Autofahrer. So erfuhr ich, dass es keine Selbstverständlichkeit war, dass es in *meine* Dacia durch das Dachfenster *nicht* hineinregnete.

Die edle Abstammung half nichts in der eiskalten Nacht ohne Frostschutz. Der Motorblock verwandelte sich in einen Springbrunnen, so dass wir die gute alte Dacia gegen eine Waschmaschine heimischer Produktion eintauschten, an der wir ungleich weniger Freude hatten. Aber das wäre wieder eine andere Geschichte.

Aus liebevoller dritter Hand übernahm ich den Nissan Micra meiner Mutter und wollte nun den kleinen Japaner aus Deutschland heimholen. Ein ausländisches Auto einzuführen, war eine schwierige Angelegenheit geworden. Da immer mehr Leute lieber ein altes ausländisches Auto als eine neue Dacia fahren wollten, wurden bei Einfuhr eines über sieben Jahre alten Wagens plötzlich ganz enorme Gebühren für die Anmeldung und ein happiger Einfuhrzoll fällig, womit sich die Frage „VW oder Opel" für die meisten erledigt hatte.

Aber für mich als Ausländerin würde diese neue Regelung keine Anwendung finden. Aus Erfahrung wusste ich schon, dass es nicht ausreicht, so eine Auskunft nur bei einem einzigen Bediensteten einzuholen. Das hängt damit zusammen, dass genau der in Urlaub ist oder in der Spätschicht, wenn es drauf ankommt. „Keine Ahnung, wer Ihnen sowas gesagt hat, aber bestimmt niemand von uns...". Also fragte ich bei mehreren Personen mehrfach nach. Clever. „Ja, sie dürfen den Wagen als deutscher Staatsbürger zoll- und gebührenfrei einführen und hier anmelden." Amen.

„Darfst Du nicht!", sagte dann plötzlich die Zollbehörde. „Darf sie doch", sagte die Zulassungsstelle. „Darf sie aber doch nicht!" „Darf sie aber wohl!" Ohne es zu wissen, war ich in einen Behördenkrieg geraten... und immer noch Fußgänger!

In meinem ungelenken Rumänisch schrieb ich einen halb erbosten, halb verzweifelten Brief an den obersten Chef der Verkehrspolizei und wurde sogar in *audienta* empfangen, um mein Anliegen vorzutragen. Vielleicht beeindruckte ihn meine unwiderlegbare Argumentation, vielleicht aber auch nur das Gebrülle meiner kleinen Tochter, die ich mangels Babysitter dabei hatte. Wahrscheinlicher ist allerdings der Einfluss einiger *wichtiger* Persönlichkeiten, die sich gleichzeitig mit mir über das unerhörte Procedere beklagt hatten. Auf jeden Fall bekam mein kleiner Japaner endlich sein erstes rumänisches Nummernschild an die leicht rostige Brust geheftet.

Diese Anmeldung musste jeweils im Rhythmus meiner Visa wiederholt werden; neues Visum bedeutete: neuer Antrag, neuer Fahrzeugschein, neue Schilder, neue Gebühren und... neue *Warteschlangen*.

Die Bürger, die bereits mit der Prozedur vertraut sind, tragen blasierte Langeweile zur Schau. Mit amüsiert herabgezogenem Mundwinkel betrachten sie die „Neuen", die mit verschwitzten Fingern immer wieder ihre Papiere durchsehen. Die Schlange vor der kleinen Luke ist lang und noch recht aufgelockert. Im Verlaufe des Vormittags wird sie kurz und unglaublich kompakt werden!

Kurz nach acht Uhr öffnet sich die Luke und der Erste in der Reihe nimmt – zwangsläufig, da der Schalter recht tief angebracht ist – die ideale Position des Antragstellers ein. Voller Hoffnung, doch auch beklommen, legt er sein Häuflein Papier zur gefälligen Betrachtung vor. Stimmt, wir befinden uns in der Kfz-Zulassungsstelle! Oh, wie nah liegen doch Freud und Leid beieinander! Ich hatte ein Auto geschenkt bekommen, von meiner lieben Mama. Mit der Gabe kommt die Verantwortung und mit dem Auto die Zulassung.

Im Prinzip war das anno 1999 in Sibiu ein einfacher Vorgang: In einem Schreibbüro musste man sich eine Zulassungskarte mit allen Daten von Auto und Halter ausfüllen lassen. Mit dieser Karte ging's dann zur Versicherung (Stempel an die richtige Stelle, gegen Zahlung der Gebühr, versteht sich) und zur Steuerstelle des Wohnorts (Stempel an die richtige Stelle, Zahlung ebenfalls sofort). Die Zulassungsgebühr wurde im Rathaus des Wohnorts entrichtet, die Gebühr für den Fahrzeugschein bei der Sparkasse, das Geld für die Schilder direkt am Schalter. Nachweis vom TÜV und Kopie des Fahrzeugbriefs und natürlich den Pass nicht vergessen.

Zurück zu unserer, das heißt, zu *meiner* Schlange. Ich gehörte mittlerweile zu den alten Hasen mit mehrfacher Zulassungserfahrung. Was sollte mir noch passieren oder mich überraschen? Das würde ich sofort erfahren, denn aus der Luke rief es: Die Gebühr für den Fahrzeugschein hat sich ab heute erhöht, bitte begleichen Sie erst mal die Differenz! Bei der Sparkasse, wie gesagt. Die Sparkasse liegt im Zentrum der Stadt, zehn Minuten, wenn man gut zu Fuß ist. Ich hastete mit den anderen durch die Altstadt. In der Sparkasse dann eine neue Schlange, alte Besetzung. Keiner von uns würde es bis Schalterschluss noch rechtzeitig schaffen, jetzt, da wir die ersten Plätze verloren hatten. „Es gibt nicht genug Kugeln, um sie alle zu erschießen!", deklamierte ein älterer Herr vor mir. Keiner verzog eine Miene. Und es tat mir leid, dass ich nicht schon lange angefangen habe, ein Buch über „den Menschen in der Schlange" zu schreiben...

Die Benzinschlange und andere (Kriech-)Tiere

Die *Benzinschlange*: Riesenreptil, vorzugsweise in der Nähe von Tankstellen anzutreffen, aggressiv bei schlechtem Wetter, eher zutraulich und träge bei Sonnenschein, wahllos bei der Nahrungsaufnahme und giftig (am hinteren Ende mehr als am vorderen), Einzelgänger mit streng abgegrenztem Revier, gilt unter Fachleuten spätestens seit dem Jugoslawienembargo 1994 als ausgestorben.

Haben denn alle diese Leute keinen Job, oder wie können sie es sich leisten, stundenlang an einer Tankstelle anzustehen? Ich konnte niemanden der Wartenden fragen, alles Männer übrigens, die lässig über die geöffnete Fahrertür gelehnt in Richtung *Peco* blickten. Dazu reichte mein Rumänisch noch nicht. Seit einer Stunde schon war ich mit Johanns Wagen keinen Zentimeter vorwärts gekommen. Was war da vorne los? Schichtwechsel? Mittagspause? Benzin alle? Einige Autofahrer hatten sich zu kleinen Grüppchen zusammengefunden, andere diskutierten über offenen Motorhauben, schmirgelten Kontakte, räumten den Kofferraum aus...

Die Tankstelle war von hier aus noch nicht einmal in Sicht und hinter uns verlängerte sich die Reihe der Autos stetig. Hier anzustehen gehörte gewissermaßen zu meinem Job, denn ich war ja schließlich hier, um den Pastor unserer kleinen Gemeinde zu unterstützen. Ich stellte fest, dass es mir half, wenn ich die endlose Wartezeit als Arbeitsstunden betrachtete.

Die Tankstellenlandschaft im Rumänien der frühen 90er war übersichtlich: So ungefähr an jeder Ausfallstraße einer jeden größeren Stadt eine *Peco*. Wenn wir also in Nadlac über die Grenze landeinwärts fuhren, dann wussten wir genau, wie viele Chancen zum Tanken wir auf unserem Weg nach Sibiu haben würden. Manchmal waren die Tankstellen auch zu. Wenn es kein Benzin gab, dann hingen die Schläuche demonstrativ über den Zapfsäulen; manche stellten sich trotzdem an, denn irgendwann, das war gewiss, würde ja wieder welches kommen. In den Scheunen und Kellern wurde so manches Fass und so mancher Kanister gehortet. Als nachrevolutionäre Segnung kam auch die Zwei-Liter-Getränkeflasche immer häufiger zum Einsatz.

Die Schlange der Wartenden setzte sich wieder in Bewegung. Jetzt beschäftigten mich andere Gedanken: Würde mich die Bedienung an der Zapfsäule verstehen? Soll ich nachfragen, ob auch Kanister betankt werden? Ob sie meine Benzincoupons noch einlösen? Auf keinen Fall will ich in dieser explosiven Atmosphäre den Betrieb aufhalten.

Eine der Benzinschlange verwandte Art ist die *Brotschlange*. Sie ist kleiner, wendiger, dafür aber wesentlich giftiger und es wurden bislang überwiegend weibliche Exemplare beobachtet.

Paine (Brot) steht über den geschlossenen Eisentüren geschrieben. Alle, die davor auf die Lieferung warten, verrenken sich den Hals, wenn ein Fahrzeug mit grauem Ladeaufbau um die Ecke biegt... wieder nichts. Ich habe einen Platz ziemlich in der Mitte der beachtlichen Schlange, nicht schlecht, aber auch nicht sicher. Ich versuche, die Frauen vor mir abzuschätzen: zwei Brote, vier Brote oder acht? Ich rechne die Reihe bis zu mir, also im schlimmsten Falle...

Da kommt das Brotauto! Die Wartenden machen dem Lieferanten Platz, der mit den Verkäuferinnen die fahrbaren Metallregale voll mit Brot in den Laden fährt und drängeln dann umso stärker nach vorne. Der Verkauf beginnt, die Wagen leeren sich beängstigend schnell. Aber diesmal komme ich noch rechtzeitig dran! Ich drücke das frische Brot wie ein Neugeborenes an mich und mache mich auf den Heimweg. „Wo haben sie das Brot her?", fragen mich Passanten. „Vom Laden an der Ecke. Ist aber alle." Und ich als alter Müsli-, Joghurt- und Pommes-Esser musste 1600 km weit fahren, um zu verstehen, was „tägliches Brot" ist. Und was das für ein Gefühl von Sicherheit und Geborgenheit ist, mit einem warmen Brot für 40 lei im Arm.

Wo die Benzinschlange und die Brotschlange doch noch ihr Gutes haben, man eine Erklärung, gar eine Entschuldigung für ihre Existenz finden kann, kann eine andere Verwandte das nicht für sich in Anspruch nehmen. Sie ist die niederste aller Schlangen, primitiv genug, um ähnlich wie Moose und Sporen, Ratten und Mäuse überall ihr Auskommen zu finden: Die *Behörden*schlange. Sie ist auch im modernen Rumänien trotz aller Versuche nicht auszurotten. Sie fühlt sich natürlich am wohlsten in alten muffigen Gebäuden mit hohen Decken, engen Fluren und schweren Türen. Es ist beschämend zu sagen, dass sie hier gar mit manchen Menschen in Symbiose lebt, die es zu ihrer Aufgabe gemacht haben, der Kreatur ein ideales Biotop zu bieten: Blasierte Schläfrigkeit und tödliches Desinteresse über einer bizarren Formularlandschaft.

Aber auch in ganz modernen Gebäuden aus Stahl, Glas und Marmor kann die Behördenschlange auftauchen. Ich habe sie selbst gesehen und mich gefragt: Wie um alles in der Welt schaffen sie es nur? Die Kfz-Stelle, die Telekom, das Grundbuchamt, die Rentenstelle, die Meldestelle, das Passamt, das Finanzamt, das Arbeitsamt und, und, und... Sie ziehen in ihre schönen neuen und hellen Gebäude um und bringen dabei das Datenverarbeitungssystem, die Sprechstunden, Akten und Adressen durcheinander. Aber diese Schlange, die kommt immer völlig unversehrt mit.

Der ganz normale Rumäne arrangiert sich mit der Bedrohung, indem er zum Beispiel noch vor Morgengrauen aufsteht (was er ja vom Milchholen gewöhnt war) oder sich etwa mit den Gewohnheiten der Schlange vertraut macht, ihre Sprache zu erlernen versucht und Schlangenfutter mit sich führt. Oder die Zeitung. Und steht an.

Es gibt auch Personen, die stehen *nicht* an. Diese Sorte „Schlangenbändiger" sind gefürchtete, beneidete und gleichzeitig verachtete Leute: Mit schwarzem Anzug und Krawatte (in neuerer Zeit auch im Kostüm und auf hochhackigen Pumps) sowie *unbedingt* einem Diplomatenkoffer bewegt sich der Bändiger langsam, aber mit festem Schritt an der Längsseite der Schlange vorbei. Jeder Augenkontakt muss dabei unbedingt vermieden werden. Dann, auf Kopfhöhe, springt er flink zwischen Schalter und Bestie. Dabei wendet er ihrem züngelnden Kopf den Rücken zu: So kann sie ihm nichts anhaben, obwohl sie natürlich zischt und sich wütend windet. Dann beugt er sich langsam über den Tresen und spricht dann, in vertraulichem Tonfall, die magischen Worte: „Könnt` ich mal einen Moment mit Herrn Popescu?" Die Bestie hinter ihm fällt in sich zusammen; sie hat ihren Meister gefunden.

„Was wollen Sie von mir?" rechtfertigt sich auch ein alter Mann, der sich an allen Wartenden und am Wachmann vorbei durch die Tür der staatlichen Krankenkasse drängelt. „Nur die Doofen stehen an!" Diese Perle rumänischer Lebensweisheit klingt auch in meinen Ohren mehr und mehr plausibel, denn wir müssen hier exakt an der zugigsten Ecke des Riesengebäudes auf Einlass warten.

Es sind nicht mehr die Neunziger; wir schreiben das Jahr 2007. In meinem Inneren kämpfen wieder mal ohnmächtige Wut und heulendes Elend miteinander. Und ich warte brav weiter; vielleicht komme ich sogar ins Lokalfernsehen, denn es quetscht sich jetzt ein Reporter mit Kameramann zwischen die Wartenden und macht ein paar Aufnahmen.

Spielregeln

Sie zu kennen ist gut, wenn man mitspielen will. Oder muss.

Regeln sind auch gut. Gesellschaftliche Regeln zum Beispiel oder Gesetze. Die gelten für alle. Ich musste feststellen, dass ich mit meiner lieben deutschen Angewohnheit, Gesetze einfach so hinzunehmen, nicht immer am besten fuhr.

„Fahren" ist da schon mal ein gutes Stichwort. So ein Bußgeldkatalog ist natürlich nicht das Evangelium, aber ich war es doch gewöhnt, etwas mehr als eine Diskussionsgrundlage dahinter zu vermuten...

Es ist eine Art Spiel. Und man muss wissen, wie das Spiel geht. Also: Sie fahren mit Ihrem Wagen einen Berg hinauf, immer in endlosen Serpentinen hinter einem lahmen Laster her, bis es Ihnen zu dumm wird. In einer kurzen genialen Überholaktion haben Sie ihn dann gekriegt. Hab ich Dich! Auf der Höhe Ihrer Zufriedenheit einerseits und des Hügels andererseits (nämlich an einer Stelle, von der die Serpentinen von oben wie ein hübsch gelegtes Schleifenband zu überblicken sind) wartet *er*: Mit lässiger Geste heißt er Sie anzuhalten. Sie leiern die Scheibe runter; er leiert auch: „Guten-tag-ich-bin-sergent-major-popescu-bitte-die-papiere-zur-kontrolle" und dann: „Sie wissen, was sie eben gemacht haben? Sie haben im Überholverbot überholt."

Pause. Das Spiel beginnt!

Autofahrer: (betretener Blick)

Verkehrspolizist: (streng) Das kostet 400.000 Lei und drei Monate Führerschein weg, das wissen Sie!

Autofahrer: (*noch* betretenerer Blick, leichtes Aufstöhnen)

Verkehrspolizist: 400.000 und drei Monate

Pause... von angemessener Länge, muss man im Gefühl haben.

Verkehrspolizist: Tja, was machen wir?

Das ist so was wie die Eröffnung; jetzt geht's weiter wie beim Tischtennis.

Autofahrer: Ach, bitte, Herr Sergent, ich bin auf dem Weg nach Hause, zu meinen Kindern... Kann man da nicht was machen?

Verkehrspolizist: Tja, was machen wir....

Autofahrer: Bitte, die Zeiten sind schwer, Sie wissen ja, wie das ist... Alles ist so teuer geworden... Ich bin in großen finanziellen Problemen!

Verkehrspolizist: Tja...

Autofahrer: Schauen Sie, ich habe hier 150.000 Lei, das ist alles, was ich habe. Können Sie da nicht mal eine Ausnahme machen?

Verkehrspolizist: (wiegt sich, quasi vom Mitleid bewegt, unschlüssig hin und her.)

Autofahrer: Sie wissen doch, wie teuer alles ist. Essen und Kleidung für die Kinder...

Verkehrspolizist: Na gut. Da kommen Sie also nochmal so davon. Danke. Gute Fahrt!

Autofahrer: (erleichtert wegfahrend, dann entrüstet)
Du liebe Zeit, total korrupt, diese Polizei! In diesem Land ändert sich aber auch rein gar nichts! Aber der war ja eigentlich doch ganz nett.

Ja, so geht das. Ich habe mich nie dran gewöhnt. Ich kann zum Beispiel auch am Basar nicht handeln. Ein Preis ist ein Preis und Basta!

Und jetzt braucht mein Mann ganz dringend ein Führungszeugnis. Und die Bearbeitung im Falle einer Person, die wie er in einem anderen Verwaltungsbezirk geboren ist, dauert wenigstens *drei Wochen*! So ist es auf der großen Informationstafel zu lesen. Was mach ich nur? Ich kann ja nicht an den Schalter treten, mit der Riesenschlange hinter mir (Sie wissen ja) und sagen: „Verzeihen Sie, welches wäre wohl die angemessene Bestechungssumme für die Beschleunigung eines Verwaltungsvorgangs?"

Laurentiu, der gute alte Freund, hat da schon Erfahrung. Frag doch einfach: „Kann ich vielleicht eine *Dringlichkeitsgebühr* entrichten, bitte?" Gesagt, getan! Ich frage also: „Gibt es die Möglichkeit, eine Dringlichkeitsgebühr zu entrichten?" „Bitte kommen Sie herein", sagt der Beamte hinterm Schalter freundlich. Ich schiebe mich in das kleine Schalterzimmerchen und lege verschämt einen Schein auf die Kante vom Schreibtisch. „Zuviel", sagt der nette Beamte. „Die Hälfte reicht." Am nächsten Tag hatte ich das Führungszeugnis.

Mein Gewissen benötigte zur Bearbeitung dieser Angelegenheit so etwa... drei Wochen?

Alles gehört allen – und wenn´s kaputt ist, dem Staat

Den ersten Geysir Rumäniens sah ich bei Caransebes: Zischend und dampfend sprühte das heiße Wasser in die kühle Luft, direkt neben der Straße. Die beeindruckende Naturerscheinung hatte eine simple Erklärung: Die nahegelegene Sporthalle hatte heute heißes Wasser für die Duschen und die Leitungen, oberirdisch verlegt, hatten halt schon etliche Jahre auf dem Buckel.

Mit meinem Umzug nach Rumänien im Jahre 1992 habe ich, und das ist traurig, aber wahr, meinem bis dato sensiblen ökologischen Gewissen mehr als einmal das Kissen aufs Gesicht gedrückt.

Wasser kostete fast nichts, Gas auch und die Bewohner eines Blockviertels zahlten anteilig je nach Familien- und Wohnungsgröße, was gemeinsam verbraucht und verplempert wurde, was entwich und versickerte und unaufhörlich aus uralten Leitungen tropfte. Klar, dass niemand eine Motivation zum Sparen hatte, wenn es Wasser, insbesondere *warmes* Wasser, nur stundenweise oder wochenlang gar nicht gab.

Die kollektive kommunistische Wirtschaft und ihre unglückliche kapitalistische Erbin konnten beide nicht mal den Mangel anständig und gerecht verteilen. Die wohlige Fernwärme in den Heizkörpern ließ dem einen den Schweiß ausbrechen, dem anderen den Hintern einfrieren und das alles fürs gleiche Geld. Und die Bewohner der oberen Stockwerke erwarteten das warme Wasser aus ihren Hähnen oft vergeblich, mangels Druck. Zum Ausgleich gab's reichlich kühles Nass von oben, denn oberstes Stockwerk im Block beinhaltete wegen der schlechten Isolierung der Flachdächer meist die Garantie für einen chronischen Wasserschaden. Diese

Wohnungen waren daher immer billiger als die darunter und ließen sich generell schlecht verkaufen. Im Laufe meiner Rumänienjahre sollte ich mehr als eine dieser „Tropfsteinhöhlen" kennenlernen, wo sich das Wasser die Kabelkanäle entlang den Weg bis zum Kurzschluss bahnte und genervte Bewohner auf dem Blockdach Schnee schoben.

Die unselige Angewohnheit vieler Leute, am Gasherd immer wenigstens zwei Flammen brennen zu lassen, erfüllte mich mit Sorge, dass vielleicht jemand ersticken könnte. Völlig unbegründet, war doch das Küchenfenster stets einen Spalt geöffnet, um die schwere feuchte Luft atembar zu machen.

Überhaupt blieb ich stets verwundert, wie wenige Gasexplosionen stattfanden, oder Brände zum Beispiel! Freunde von uns hatten ein Zimmer in einem der so genannten Ledigenwohnheime (benannt nach ihrem ursprünglichen Zweck als Arbeiterwohnheim für Nichtverheiratete), wo sie mit ihren zwei kleinen Kindern in einem einzigen Zimmer wohnten. Da die Heizkörper nur lauwarm wurden, benutzten wohl alle Bewohner des mehrstöckigen Gebäudes ein elektrisches Rechaud zum Heizen und auch zum Kochen.

Die einzige Schwachstelle im Stromkreis des Hauses, der Sicherungskasten, wurde von einigen kundigen Männern betreut, indem sie kupferne Münzen und dicke Drähte so installierten, dass der Schnee über den im Hof unterirdisch verlegten Kabeln schmolz und alle es schön warm hatten. Es schien übrigens niemand besorgt, dass der ganze Bau eines Tages in Flammen aufgehen könnte. Vielleicht lag es auch daran, dass das gesamte Kellergeschoss des Blocks wegen eines Rohrbruchs seit Jahren bis zum mittleren Treppenabsatz unter Wasser stand. Ein schöner Keller sei es gewesen, sogar einen Fitnessraum soll es gegeben haben…

Whatever killed the radio star

Im Dachgeschoss eines renommierten Hotels in Sibiu hatte ein lokaler Radiosender seinen Sitz. Von dort wurde zweimal in der Woche die Sendung in deutscher Sprache ausgestrahlt. Sabrina, die zuständige Redakteurin, wollte diesen Job gerne loswerden.

Ich sah ihr bei der Moderation einer Sendung zu – die Ausstrahlungen waren immer live – und übernahm den kargen Bestand an deutscher Musik und einen ganzen Haufen Tonbänder und Kassetten mit Reportagen der Deutschen Welle, die zusammen mit dem Rheinischen Merkur regelmäßig über das deutsche Konsulat beim Sender eingingen. Schon war ich Radioredakteurin – und sollte aus all diesen Zutaten nun jede Woche zwei Sendungen zusammenstricken und live moderieren. Eigentlich irre: Wo bekommt man schon die Möglichkeit, seine eigene Radiosendung zu gestalten? Und meine einzige Qualifikation war, dass ich der deutschen Sprache mächtig war! Da weder mein Chef noch sonst irgendjemand im Sender richtig Deutsch konnte, hatte ich also erstens völlig freie Hand und zweitens keinerlei Hilfe zu erwarten.

Für die Sendungen waren der Tontechniker Remus und ich meist allein im Studio. Mit meinem spärlichen Rumänisch informierte ich ihn, wann welche Kassette oder Band an der Reihe waren und wann ich sprechen wollte. Wenn ich Tonbänder verwenden wollte, musste ich das früh genug ankündigen, damit Remus sie in das Gerät einfädeln konnte.

Das Material der Deutschen Welle war sehr gut und interessant; ich besorgte Volksmusik und einige Schlager, da ich den Geschmack meiner Hörer eher konservativ einschätzte, fügte die Lokalnachrichten der „Hermannstädter Zeitung" bei und verband alles mit sinnigen Kommentaren: Fertig ist die Radiosendung! Mein Chef war zufrieden: „Schöne Musik!", strahlte er.

Journalistischer Ehrgeiz trieb mich zu neuen Ufern!

Die deutsche Abteilung des Hermannstädter Theaters hatte ein neues Stück aufgeführt, für das extra ein Regisseur aus Berlin engagiert worden war. Und ich als alter Kulturbanause schnupperte neugierig Theaterluft, bestaunte das Bühnenbild, das wie eine Gardinenausstellung aussah und machte Live-Mitschnitte während des Stücks. Und so schrieb ich meine erste Theaterkritik und interviewte die Schauspieler.

Mein Konzept war von allerhöchstem Anspruch: Nachdem ich also das Stück zusammengefasst und dann genüsslich und stetig mit sorgsam gewählten Worten die Spannung aufgebaut hätte, wollte ich, in die nachfolgende bedeutungsschwere Stille, den Hauptdarsteller das Herzstück, den Satz der Sätze, die Essenz des Stücks deklamieren lassen... fantastisch! Nachdem meine Hörer meine live moderierte Einführung mitverfolgt hatten, lauschten wir nun gemeinsam und atemlos dem Rauschen des billigen Aufnahmegerätes, bis... „Träräääääää!!! Sicher ans Ziel mit TURI-Busreisen, jeden Montag und Donnerstag nach Deutschland und Italien, bla bla bla, preiswert und zuverlässig. Träräääää!", ein weiterer Fanfarenklang. Und dann mein armer Schauspieler mit seiner Essenz.

Ich vermute mal, dass meine Hörer ebenso schwer in die Atmosphäre des Theaterstücks zurückfanden wie ich. Wenn es nicht so unendlich traurig gewesen wäre, hätte es zum Totlachen sein können. Während der nächsten Musikpause stürzte ich wutschnaubend aus meiner Kabine. Remus war irritiert, war er doch heute stocknüchtern erschienen, und konnte sich mein Aufbrausen nicht erklären. Die Firma

TURI-Reisen habe pünktlich zu jeder halben Stunde Reklame bestellt und bekommen! Seufzend machte ich die Kabinentür wieder zu. Und wieder einmal war die wahre Kunst dem Gewinnstreben zum Opfer gefallen. Na ja...

Aber mal ehrlich, es war schon toll, Live-Radio zu machen, auch wenn es einige Situationen gab, in denen ich froh war, dass man mich wenigstens nicht *sehen* konnte. Vor lauter Lampenfieber verknoteten sich meine Beine in Korkenzieher-Manier unterm Tisch oder ich zerwühlte mir die Haare, während ich einen nicht enden wollenden Artikel aus der Zeitung vorlas. Ebenso unendlich erschien mir auch das schwachsinnige surrealistische Hörspiel aus der deutschen Bibliothek, welches ich mir vor der Ausstrahlung *nicht* angehört hatte. Es folgten gut 25 Minuten, in denen ich das zutiefst bereuen konnte.

Trotz allem wollte ich auch Gäste ins Studio einladen. Und sie kamen: Die Vizekonsulin des deutschen Konsulats, ein Professor für klassische Musik aus Hetzeldorf und andere.

Die Redakteurin der Hermannstädter Zeitung machte mich mit einer alten Dame aus dem abgelegenen Ort Neudorf bekannt. Frau Katharina S. war eine von den zwei letzten Deutschen im Ort. Sie schrieb Heimatgedichte, so mit „Lindenbaum vor dem Fenster". Etwas schmalzig für meinen Geschmack, aber original. Sie wollte gerne ins Studio kommen, um einige ihrer Werke vorzutragen. In der Sendung war sie humorvoll und unterhaltsam. „Jetzt wollen natürlich unsere Hörer auch einige ihrer Werke hören" ermunterte ich sie, „zum Beispiel das Gedicht vom Frühling!" „Frühling", sagte Frau S. andächtig. Sie faltete die Hände, schloss die Augen und dann sagte sie mit feierlicher Betonung das Gedicht auf. Sie hatte keinerlei Notizen dabei, denn sie kannte alles auswendig... meistens wenigstens, denn als sie nun „Die Linde" sagte und die Augen schloss, hatte sie wohl einen kleinen Hänger, denn sie sagte nichts mehr. Die Sekunden verstrichen, der Äther war nie so leer und still gewesen – ich musste daran denken, wie sich das wohl anfühlen musste, wenn man Frau S. *nicht* sehen konnte – da sprach sie weiter: „Die Linde, vor dem Tor...". Gott sei Dank!

Vom Essen

Ich esse so gern Süßes! Besonders Kuchen und Torten, mit viel Creme oder Sahne. Und da in meinen ersten Jahren in Sibiu Konditoreiwaren noch spottbillig waren, frönte ich häufig meiner Leidenschaft, in Cafés zu sitzen, die Kuchentheke durchzuprobieren und mir die Leute anzuschauen. Die meisten kamen tatsächlich nur, um hastig – ohne den Mantel abzulegen – ein Stück Torte zu essen. Kaum jemand blieb länger als eine Viertelstunde, und so war um mich herum ein stetes Kommen und Gehen.

Mit der Zeit kannten mich auch die Damen, die in meinem Stammcafé, das zum Hotel „Bulevard" gehörte, bedienten. Das taten sie mit einer gewissen Förmlichkeit, nicht unfreundlich, aber auch nicht wirklich höflich. „Wahrscheinlich kommunistische Schule", dachte ich mir, denn sie waren alle schon etwas älter.

Im Cafe Bulevard verbrachte ich auch oft die Zeit vor meiner Radiosendung, um mir noch einmal in Ruhe meine Notizen anzuschauen. Zur Ehrenrettung des Cafés muss ich erwähnen, dass hier die Löffelchen *nicht* alle zur Diebstahlsicherung mit einem 5-mm-Bohrer durchlöchert waren wie in anderen Kaffeehäusern.

Ich habe von Natur aus einen robusten Magen und bin immer ein anspruchsloser Esser gewesen. Die Tatsache, dass die Sahne auf dem Kuchen oft einen kleinen „Stich" hatte, störte mich nicht besonders. Das Wort „Kühlkette" war offensichtlich noch nicht ins Rumänische übersetzt, glücklicherweise aber auch die Salmonelle noch nicht erfunden.

Sahne gab es nur in geschlagenem Zustand, natürlich lose, zu kaufen. Und weil ich zu meinem Geburtstag Gäste aus

Berlin hatte, ließ ich mir im Bulevard ein ganzes Kilo Sahne in meine mitgebrachte Schüssel füllen. Zu Hause musste ich feststellen, dass die Sahne diesmal *total* sauer war. Also, zurück zum Café und das kurz vor dem geplanten Kaffeetrinken. Super.

Ich hasse es, mich zu beschweren und belasse es meist dabei, mich zu ärgern. Aber als Ausländerin verspürte ich auf einmal so was wie Narrenfreiheit. So stellte ich die Schüssel mit Nachdruck auf die Theke und brachte, so gut wie es mit meinem Rumänisch damals eben ging, meine Beschwerde vor. Die Hektik, die daraufhin hinter den Kulissen ausbrach, verblüffte mich. Eine dicke Dame, offenbar in leitender Funktion, denn sie trug keine Schürze wie die anderen, bat mich durch die Tür hinter der Theke und hastete vor mir durch kahle Kellergänge. Ich folgte ihr in eine Art Büro ohne Fenster. In einem brummenden Kühlschrank, dessen Tür die Dame förmlich aufriss, stand ein großer flacher offener Topf mit geschlagener Sahne. *So* und nicht anders sei die Sahne geliefert worden, *sauer*, und das wäre ja nun wahrhaftig nicht *ihre* Schuld und Verantwortung, japste die Dame mit atemloser Entrüstung. Die angebotene Beweisprobe vom Löffel lehnte ich beschämt ab. Es war schwierig, deutlich zu machen, dass ich nicht die Schuldfrage klären, sondern nur mein Geld wieder haben wollte.

Das bekam ich dann schließlich auch zurück. Danach schien sich mein Ruf im Cafe irgendwie verändert zu haben. Nicht, dass die Damen jetzt wirklich freundlich waren, aber irgendetwas schien uns zu verbinden.

Das renommierteste Restaurant (und Hotel) am Platze war seinerzeit unangefochten der „Römische Kaiser". Bei Auslandsbesuch oder zu ganz besonderen Gelegenheiten wurde dort ein Tisch bestellt. Das Haus gab sich exklusiv; das Personal war entschieden feiner angezogen als die meisten Gäste und hatte diese „Du kannst mir gar nichts, aber ich kann Dir was"-Aura. Der Glanz war nicht mehr ganz neu, das merkte man schon. Die ganze steife Vornehmheit war wie eine Beschwörung der guten alten Zeiten, in denen hier zu sein etwas bedeutet hatte.

Ich genoss es trotzdem, im „Römischen" zu essen, obwohl die Portionen eher klein waren und die schwere ledergebundene Speisekarte gleich mit reichlich „gibt's nicht", „ist alle" und „heute nicht" ausgedünnt wurde. Der schwarzbefrackte Kellner legte die Brötchen zur Suppe mit einer überdimensionalen Zuckerzange einzeln auf die dafür vorgesehenen Tellerchen und rechnete auch jedes einzelne ab.

Zum Essen bestellten wir „Sifon". Dann brachte er schwere bauchige Glasflaschen mit kohlensäurehaltigem Leitungswasser. Die Flaschen standen unter Druck, hatten eine metallene Spritzvorrichtung und trugen so eine Art feines Kettenhemdchen. Warum, weiß ich nicht, vielleicht wegen Explosionsgefahr? Schade, dass ich nicht eine zur Erinnerung aufgehoben habe, denn die Zeiten des „Sifon", ja auch der „Sifonerie" an der Ecke, sind längst vorbei. Da bedienten Leute in Gummistiefeln und mit einem Schlauch in der Hand eine zischende Höllenmaschine und füllten mit diversen Konzentraten, Leitungswasser und Kohlensäure Sprudel in kleine Glasflaschen ab. Bei mir um die Ecke gab es nur zwei Sorten: gelb und säuerlich war Orangensprudel, dunkelbraun mit Hustensaftgeschmack hieß Cola.

Im „Römischen" ging es natürlich feiner zu. Dort, und damals *nur* dort gab es auch richtige Fanta und Cola, in Dosen. Die wurden auf einem Tablett gebracht und dann, indem sich der Ober dezent vom Gast abwandte – auf seinem Gesicht lag die gleiche würdige Blasiertheit, mit der er sonst einen edlen Wein entkorkte – „Zisch!" geöffnet. Unser

Freund Kalle aus Deutschland lachte, bis ihm die Luft wegblieb.

Mich länger als eine Viertelstunde an einem Herd aufzuhalten, hatte ich bisher immer als unverantwortliche Zeitverschwendung angesehen. Und ich befand, dass das Kochen in meiner neuen Heimat entschieden zu lange dauerte. Eintöpfe und Suppen waren ohnehin noch nie so mein Fall gewesen und schon gar nicht die, die stundenlang vor sich hin köchelten. „Warum müsst Ihr eigentlich alles zu Matsch verkochen?", beklagte ich mich bei meiner Freundin Anni. „Warum müsst Ihr in Deutschland immer alles halbroh essen?", gab sie zurück und aus Völkerverständigungsgründen beließen wir es dabei.

Ich lernte die heimische Küche zu schätzen. Es schien doch was dran zu sein, dass gute Dinge Weile brauchen. Manche der traditionellen rumänischen Gerichte sind allerdings tatsächlich gewöhnungsbedürftig, wie zum Beispiel die „Bauchsuppe", die aus Rindermagen gemacht wird, der in zottelige Streifen geschnitten ist und – wie sollte es anders sein – *sehr* lange kochen muss. Sogar die Einheimischen sind bei der *ciorba de burta* geteilter Meinung. „Bestell' dir so was bloß nicht, das riecht nach Tod!" Solch' wenig respektvollen Worte fand Johann für diese rumänische Spezialität, nach der sich andere alle zehn Finger leckten. Lieber Johann, weißt du was? Mit reichlich Knoblauch und ein, zwei Löffeln saurer Sahne drin ist die richtig gut!

Von der ganz billigen Wurst würde ich aber auch dringend abraten. Als ich in meinem Stammladen an der Ecke mal davon kaufen wollte, sah mich die Verkäuferin eindringlich an und schüttelte dann unmerklich den Kopf. Sie meinte es gut mit mir. Vielleicht braucht es halt doch jahrelanges Training, um gewisse einheimische Produkte zu verdauen.

Wenn Sie also mal nach Rumänien kommen, dann sollten Sie unbedingt s*armale* probieren. Das sind kleine Kohlrouladen, allerdings in Sauerkraut eingewickelt. Dazu gehört unbedingt *mamaliga* (Maisbrei) und viel, richtig viel saure Sahne. Und die süßen und salzigen Teilchen, die es fast an jeder Straßenecke gibt, sind köstlich! Den frischen Schafskäse vom Markt, am besten mit Tomaten direkt aus dem Garten, sollten Sie nicht verpassen. Dazu passt warmes frisches Kartoffelbrot.

Gesundheit!

Über das rumänische Gesundheitswesen im Allgemeinen und die Krankenhäuser im Besonderen hört man ständig die reinsten Horrorgeschichten. Ob das *alles* so stimmt, weiß ich nicht.

Aber unterschreiben würde ich Folgendes: Es gibt nicht genügend Medikamente und Materialien, zu wenig Betten, wenig feinfühliges Pflegepersonal und eine überwiegend arrogante Ärzteschaft. Dafür Überfluss an grauen Wänden, von denen der Putz fällt, angeschlagene Kacheln und vergilbte Metallschränkchen mit verklemmten Schubladen.

Ein verzweifelter Patient, dessen elementarste Bedürfnisse offenbar unbefriedigt geblieben waren, soll von seinem Krankenbett aus den Notruf gewählt haben... kein Witz.

Manche Patienten müssen sich zu zweit ein einziges Bett teilen und sich die nötigen Medikamente von Verwandten aus der Apotheke kaufen lassen, weil das Krankenhaus schlicht und einfach keine mehr hat. An der Tür zur Entbindungsstation hing ein Schild: Zur Aufnahme ist eine Rasierklinge mitzubringen. Ich habe es selbst gelesen, als ich dort im Wartezimmer saß und wartete, um zur Geburt meines ersten Kindes eingelassen zu werden. Und ich hatte eine Rasierklinge dabei.

Theoretisch gibt es einen Versicherungsanspruch auf die ärztliche Behandlung. Die wenigsten möchten sich aber auf ihr gutes Recht verlassen, wenn sie sich einem Chirurgen oder Anästhesisten oder einfach nur dem behandelnden Arzt ausliefern. Es gibt eine Regel, wonach der Patient finanziell oder mit Naturalien unterstreichen soll, dass er all die Mühe auch wert ist.

Dass die Korruption im Lande so gut wie besiegt sei, kann nur jemand behaupten, der sich im Ausland operieren und behandeln lässt, wie zum Beispiel der Präsident und der Premierminister. Ich weiß aber nicht, was schlimmer ist: Die Korruption oder der unerschütterliche Glaube an sie, der sie am Leben hält! Keiner macht was ohne Gegenleistung. Das ist die Grundannahme. Die Putzfrau putzt nicht; der Anästhesist betäubt dich nicht; der Chirurg schneidet dich nicht richtig auf; die Schwester gibt dir keine Spritze, nicht mal ein Aspirin. Und der Stationsarzt unterschreibt deine Entlassungspapiere nicht! Und so bist du dazu verurteilt, für immer und ewig im Krankenhaus zu bleiben, um darüber nachzudenken, ob es das wert war.

„Die Preise in Euro bzw. Lei für ärztliche Dienstleistungen entnehmen Sie bitte der Liste." Ein solches Schild gibt's hier im Bezirkskrankenhaus natürlich nicht, weshalb es eines gewissen Gespürs bedarf, um den aktuellen Tarif herauszufinden. Man erfährt ihn von Mitpatienten oder von einer Schwester, sofern man nicht den Verdacht erregt, man könne mit versteckter Kamera für einen TV-Sender unterwegs sein. Denn um den allseits sich manifestierenden verbissenen Kampf gegen die böse Korruption anschaulich zu demonstrieren, ist es durchaus üblich, in regelmäßigen Abständen jemanden zu „ertappen" und sich öffentlich zur besten Sendezeit über die Person zu entrüsten. Das nimmt natürlich keiner wirklich ernst, aber zum Hauptdarsteller in einem solchen Schmierenstück möchte auch niemand werden.

Die nette Schwester, die meine Tochter für die Blinddarm-OP in der Chirurgie aufnimmt, ziert sich erst, aber letztlich kriege ich es aus ihr heraus: Eine Million für den Arzt, die Hälfte für den Anästhesisten. Anno 2004. Den Umschlag mit dem Geld stecke ich in die Tasche des Arztkittels, so wie früher das Trinkgeld in die Schürzentasche der Friseuse. Man kann den Umschlag auch auf dem Schreibtisch ablegen.

Wird meine Tochter nun anders, besser behandelt werden? Ich weiß es nicht. Niemand weiß das. Aber man kann ja nie wissen!

Für andere Dienstleistungen, die in der Macht des Pflege- oder Reinigungspersonals stehen, haben clevere Patienten im Nachttisch ein kleines Sortiment zu Motivationszwecken parat. Und für die, die unvorbereitet ins Krankenhaus eingeliefert werden, hat der Kiosk auf dem Gelände alles, was es braucht: Kaffee, alkoholische Getränke, Deos, Seifen, Pralinen, Zigaretten. Angehörige von Patienten aus ländlichen Gebieten warten vor dem Stationszimmer mit Plastiktüten voll Käse, Eiern, Hühnern und Selbstgebranntem.

Eine Freundin arbeitete mit der Schwägerin eines Chirurgen im selben Büro. Von dem Überfluss an Naturalien, Käse, Fleisch und Eiern, die der vielbeschäftigte Arzt täglich von Patienten erhielt, schwappte reichlich auf die Schwägerin und von dort auf meine Freundin und auch noch auf uns über.

Der Arzt, bei dem ich meine beiden Kinder bekam, war ein anständiger Kerl, und das auch ganz *ohne* Umschlag. Es hatte sich herumgesprochen, dass er offen war für Neues aus dem westlichen Ausland, und so war er sehr beliebt und der kleine Wartebereich vor seinem Untersuchungszimmer in der Klinik hoffnungslos überfüllt! So fortschrittlich des Doktors Methoden in der modernen Geburtshilfe waren, so „typisch rumänisch" fand ich seinen Umgang mit den Patientinnen. Wenn er gut gelaunt war, war er charmant und witzig. Hatte er Stress, konnte er richtig ausrasten. „Warum bist Du gekommen?", herrschte er mich an, als er mich im knallvollen Warteraum zum Ultraschall entdeckte. „Weil Sie mich bestellt haben", gab ich kleinlaut zurück. „Ganz schlecht", brummelte er. „Na, komm schon mit..."

Ich durfte auch mehrfach Zeuge seiner Behandlungserfolge werden, ob z.B. die Creme gegen die Beschwerden der Dame geholfen hatte, die im Flur neben mir gewartet hatte. Es war leider auch hier üblich, mehrere Patientinnen gleichzeitig zu konsultieren. Ein weißer Vorhang gewährte ausreichend Datenschutz.

Eine Praxis heißt übrigens auf Rumänisch *cabinet*. Warum fällt mir das ausgerechnet an dieser Stelle ein?

Wollte ich *meinen* Arzt mal ganz für mich haben, dann suchte ich ihn zu den Sprechstunden auf, die er nachmittags oder abends in einer privaten Poliklinik abhielt. Das kostete natürlich Geld, aber hin und wieder gönnte ich mir den Luxus. Meine Ängste vor meiner ersten Geburt zerstreute der Doktor mit einem fröhlichen: „Aber warum denn? Ich bin doch da!" Bestimmt würde er bei der Liga für den mündigen informierten Patienten und beim Datenschutzbeauftragten bis ganz unten durchrutschen, aber in so einem grauen seelenlosen Moloch von Krankenhaus war er ein echter Lichtblick. Und ein sehr guter Arzt.

Fortschritt hin oder her; Männer hatten in den 90ern nichts im Kreißsaal oder auf der Wöchnerinnenstation verloren. Überhaupt sollten Besucher generell nicht auf die Station kommen, stattdessen die Patientinnen ihren Besuch in einer Art Wartesaal im Erdgeschoss empfangen. Theoretisch. Praktisch ließ sich das uniformierte Wachpersonal mit einer Schokolade oder ein paar Zigaretten überreden, die Tür zur Station kurz aufzulassen.

Zwei lange Tage musste ich nach meinem Kaiserschnitt in der Wachstation verbringen; dann erst wurde ich auf die Station gebracht, wo ich meine kleine Emily das erste Mal sah. Sie war so süß! Eigentlich konnte ich ja nur ihren kleinen Kopf mit den vielen Haaren bewundern, denn ansonsten war sie nach Landessitte wie eine kleine Kohlroulade fest in Tücher eingewickelt. Ich war von all den Geschehnissen so beeindruckt, dass ich mich nicht traute, sie auszuwickeln. Ich fürchtete, die kunstvolle Verschnürung nicht mehr hinzukriegen und die Schwester zu verärgern.

Die war sowieso nicht gut auf mich zu sprechen. Emily wollte nämlich nicht trinken, zumindest nicht bei mir und nicht in der halben Stunde, die uns beiden für diese komplizierte Prozedur zur Verfügung stand. Alle drei Stunden, beginnend morgens um sechs und dann bis abends um zwölf wurden die Babys an die Mütter verteilt und dann nach ca. 30 Minuten wieder eingesammelt.

Ich kam mir so blöd vor. Vermutlich kam ich ihr auch blöd vor. „Wie füttern Sie denn die Kleinen?", fragte ich sehr zaghaft, um nicht etwa auch nur die leiseste Spur von Kritik oder Zweifel an der Kompetenz der Schwesternschaft erahnen zu lassen. „Mit dem Löffelchen", erwiderte die eilige Schwester im Gehen. Ich lief ihr hinterher, weil ich sehen wollte, wie das ging. In einer Blechtasse, die mich an einen Western und Bohnen am Lagerfeuer erinnerte, standen einige Teelöffelchen in der warmen Milch. Mit dem kleinen Löffelchen öffnete die Schwester meiner kleinen Emily den Mund und schüttete die Milch hinein. Schnell legte sie das Baby dann ins Bettchen auf die Seite und griff nach dem nächsten Baby, dem nächsten Löffelchen.

Das war sicher eine jahrzehntelang erprobte Methode, aber zu viel für mich und alle meine Hormone. Ich musste noch auf dem Flur anfangen zu heulen. So fand mich Beate, die sich wie immer in einem geborgten weißen Kittel durch eine offene Hintertür herein geschlichen hatte. „Mach dir nichts draus", sagte sie mit der Weisheit einer Frau, die wusste, wo sich der Einsatz von mütterlicher Energie lohnte. „Zu Hause machst du es dann, wie du es für richtig hältst."

Mit dem Tod ist nicht alles zu Ende...

Im Jahr 1999 kauften mein Mann und ich ein Haus in Petersberg bei Kronstadt. Es war ein sehr altes Haus, „1875" stand auf einem Balken in der Scheune zu lesen. Es war eine gute Zeit, in eigene vier Wände zu investieren, denn noch hatte die Immobilienblase nicht begonnen, sich aufzublähen.

Es war unser erster Hauskauf und wir waren sehr aufgeregt. Nach der zeitaufwendigen Prozedur beim Notar erfolgte die „Geldübergabe". Im inflationsgebeutelten Rumänien musste eine ganze Plastiktüte voller Scheine gezählt werden; dafür stand beim Notar ein separater Raum zur Verfügung. Dann hielten wir endlich den Vertrag in Händen und bekamen unseren ersten Grundbuchauszug, auf dem wir beide als stolze Besitzer verzeichnet waren!

Ganz unten auf dem Auszug war aber noch ein Ehepaar R. vermerkt, dem im Jahre 1921 ein Nutzungsrecht bescheinigt worden war. Unser erstes Entsetzen legte sich, als ein befreundeter Jurist uns beruhigte, dass sich das Nutzungsrecht nicht vererbe und sich die Angelegenheit durch Zeitablauf erledigt hätte. Die Logik spricht dafür und auch der gesunde Menschenverstand, nicht aber die rumänische Bürokratie!

Das mussten wir feststellen, als wir auf unserem Gelände eine Schreinerei eröffnen wollten. Das Ehepaar R., so erfuhren wir bei der Industrie- und Handelskammer, müsse mit einer gewerblichen Aktivität einverstanden sein, tot oder nicht tot. Jetzt war ich schon lange genug im Lande, um zu wissen, dass hier nicht Logik, sondern Flexibilität allein die Lösung war und so vermieteten wir die Räume für die Schreinerei an uns selbst und alle waren zufrieden, denn dafür brauchten wir die Zustimmung der lieben Alten nicht.

Nun muss aber, wer vermietet, eine Mindestmiete erheben, dafür Steuern zahlen, über die verborgene Bedeutung unverständlicher Veranlagungsbescheide meditieren und regelmäßig am Zahlschalter im Finanzamt Schlange stehen. Also war die Vermietung auch keine Lösung auf Dauer.

Ein freundlicher Notar wollte nun die beiden alten Leutchen, die sicher zeitlebens niemandem so viel Scherereien verursacht hatten wie uns post mortem, aus unserem Grundbuchauszug verschwinden lassen. Dazu bräuchte er lediglich die Kopie der Sterbeurkunden. Den Herrn Sekretär vom Rathaus kannte ich schon und er war, obwohl wie immer hoffnungslos überlastet, auch prinzipiell willens, mir zu helfen. Wann die beiden denn gestorben seien, wollte er wissen. „Keine Ahnung", sagte ich, „ich kenne die Leute ja nicht mal" und ob es nicht ein Sterberegister gäbe. „Gibt's", sagte der Herr Sekretär und öffnete die Tür eines alten wuchtigen Möbelstücks. Dicke Wälzer, einer am andern, der ganze Schrank voll. „Haben Sie Zeit, zu suchen? Ich nicht!"

Mir kam in diesem Moment ein lustiger Gedanke in den Sinn, wie die Geschichte weitergehen könnte und ich musste mir ein Grinsen verkneifen. Aber er sagte es tatsächlich: „Dann gehen Sie auf den Friedhof und suchen Sie die Gräber." Zum Glück kam ihm noch eine andere Idee. „Oder fragen sie ihre Nachbarn".

Hab ich dann auch gemacht. Hat auch zum Erfolg geführt. War also der goldrichtige Behördenweg.

Eigener Herd... ist nicht ganz ungefährlich

Auf einem Balken in der alten Scheune auf unserem Hof stand, wie gesagt, die Zahl „1875" – und wir zweifelten keinen Moment, dass es damit seine Richtigkeit hatte.

Als wir in unser erstes eigenes Häuschen in dem kleinen Ort Sanpetru, wie es auf Rumänisch heißt, einzogen, war es Dezember, gerade ein paar Tage vor Weihnachten, und es lagen gut 30 cm Schnee. Der ursprüngliche Plan, irgendwo in der Nachbarschaft ein Zimmer zu mieten und nur tagsüber am Haus zu arbeiten, war an den Finanzen gescheitert. Im Haus war es so kalt, dass uns über Nacht die Wasserleitungen in der Küche einfroren.

Wir entschieden schnell, dass wir alle in einem einzigen Raum wohnen und schlafen würden, wo eine Möglichkeit zum Heizen bestand. Den Kachelofen im Wohnzimmer hatten die Vorbesitzer ausgerechnet an Heiligabend abgebaut und mitgenommen. Über den Verlust des Ofens war ich nicht wirklich böse, denn der Anschluss des Gasbrenners war mit kleinen Kügelchen aus Zeitungspapier repariert gewesen. Sauer war ich, dass wir uns mal wieder zu etwas hatten überreden lassen. Die Argumentation der alten Besitzer, ihre Kinder würden in ihrem neuen schäbigen Domizil auf dem Lande frieren und wir, als Begünstigte ihrer finanziellen Notlage sozusagen, hätten schon eine gewisse Mitverantwortung, war bei näherer Betrachtung ziemlich mager. Aber da war der Ofen schon weg und eine rote Spur Schamott führte durch das ganze Haus in den Schnee auf der Veranda.

Costel besorgte uns einem emaillierten Vesta-Ofen, in den er durch einen kühnen Schnitt an der Seite das Gasrohr nebst einem Brenner einließ. Der Installateur aus dem Dorf, der an diesem Heiligabend 1999 dann den Anschluss überprüfte, warnte eindringlich davor, den Ofen auch nachts zu betreiben und verschwand dann in den grauen Schwaden, die unser ganzes Haus füllten. Der Ofen war nämlich zuvor mit Diesel betrieben worden und die öligen Krusten in seinem Inneren mussten erst vollständig abbrennen. So saßen wir also mit den Kindern unter unserer dicken Bettdecke und sahen zu, wie der Qualm durch die weit geöffneten Fenster in die eiskalte Heilige Nacht hinauszog.

Emily war dreieinhalb, Esther erst sechs Monate alt. Die beiden gaben sich mit zwei Teelichtern auf dem Tisch als Weihnachtsdekoration zufrieden und fanden es klasse, dass wir jetzt alle in einem Zimmer schliefen.

Ein Badezimmer gab es nicht, dafür ein Plumpsklo im Garten. Glücklicherweise waren unsere Mädels noch klein genug, um mit Windeln und dem geliebten roten Topfi um diese unerfreuliche Erfahrung herumzukommen. Aber wir Großen... Ich hasste die wackelige Bretterbude, unter der sich, wie der alte Besitzer uns berichtet hatte, ein großer betonierter Hohlraum befand. In meiner Vorstellung nahm das dunkle Loch riesige Ausmaße an und ich spürte, wie es nur darauf wartete, uns alle samt Donnerbalken und Holzhäuschen zu verschlingen.

In der Küche hatten wir fließendes Wasser, sofern es nicht gerade mal wieder eingefroren war. Aber das Abwasserrohr, welches in die Betongrube führte, war schon seit Jahren verstopft. Unter dem Ausguss stand deshalb ein Eimer, den ich (fast) immer rechtzeitig ausleerte.

In einer *Consignatie*, wo gegen eine geringe Kommissionsgebühr Gebrauchtwaren aller Art verkauft werden, erstanden wir eine richtige alte Kochmaschine. Zuvor hatten wir versucht, wenigstens die Küche mit dem Gasherd zu heizen.

Aber es liefen lediglich wahre Wasserfälle an der lindgrünen Ölfarbe hinunter. Warm wurde es nicht.

Wenn ich hier auf den alten Dielen einen Schlusssprung vollführte, begannen die grünen Wände bedrohlich zu wackeln und ich überlegte, welcher meiner Hängeschränke mir wohl als erster in die Arme springen würde. Und so setzten wir den Punkt „Betongießen Küchenfußboden" relativ oben auf unsere Liste, irgendwo zwischen „Schweinestall abreißen" und „Plastikflaschen, Klamotten und Hasenskelette aus der Klärgrube fischen, damit der Mann mit dem Pumpwagen nicht immer wieder behauptet, *wir* wären schuld, dass der Schlauch verstopft. Aber es sollte noch viel Wasser den Ausguss in den Eimer hinuntergehen, bis wir beginnen würden, unsere Liste abzuarbeiten.

Irgendwie schafften wir es, uns im Wohnzimmer um den Ofen herum gemütlich einzurichten. Wir trösteten uns mit dem Gedanken, dass im Frühjahr die „große Renovierung" – *wie* groß die werden sollte, wussten wir damals noch nicht – beginnen sollte und der Gedanke an Zentralheizung und fließendes heißes Wasser erwärmte vorläufig wenigstens unsere Herzen.

Trotzdem fühlte ich mich lange Zeit wie eine Gefangene. Das alte kalte Haus war mir höchst verdächtig. Bisher hatte ich mir weder den Speicher noch den Keller angeschaut. „Da ist alles ganz prima!", sagte mein Mann. „Da steht halt nur so ein ganz altes Bett und es liegen ein paar Knochen drauf." Sehr witzig.

Da so viel Schnee lag, konnte ich mit den Kindern auch erst mal nicht raus. Außerdem kannte ich keinen Menschen hier; die Häuser um uns herum wirkten still und unbewohnt. Was wohl hinter den großen Toren und den zur Straße hin immer geschlossenen Fensterläden vor sich ging? Es sah ganz so aus, als könne ich mit diesem kleinen Ort so gar nicht „warmwerden"...

Eines eiskalten Abends brachte mein Mann einen Handwerker in unser Haus, der sich die Kammer ansah, die einmal unser Bad werden sollte. Der Mann war stark angetrunken und hatte einen mittelgroßen Hund dabei, der wie eine Mischung aus Golden Retriever und gebrauchter Spülbürste aussah. Sein Herrchen wollte den Vierbeiner wohl gerne loswerden und machte Costel ein entsprechendes Angebot. Als hätte Spülbürste ihn verstanden, stellte sich der Hund sofort neben meinen Mann.

Ich hatte schon seit meiner Kindheit immer einen Hund haben wollen; hier in unserem eigenen Haus sollte mein Traum endlich wahr werden! Seit Wochen dachten wir darüber nach, welche Rasse wohl am besten zu uns passen würde.

Die rotblonde Promenadenmischung, die der angesäuselte Alte gleich an diesem Abend bei uns zurückließ, setzte all diesen Überlegungen ein jähes Ende. Irgendwie tat mir die struppige Kreatur ja Leid, aber ich musste erst mal den tragischen Verlust meines Traumhundes verwinden. Und so banden wir Leon erst mal mit dem Abschleppseil vom Auto so an unseren Birnbaum an, dass er in dem verfallenen Anbau im Hof Unterschlupf finden konnte. Aber er schlief lieber zusammengerollt im tiefen Schnee, der unter ihm zu einer Kuhle in der Form seines Körpers zusammenschmolz. Die rote Kuscheldecke, die ich ihm gab, zerriss er in lauter kleine Stücke, die im ganzen Hof festfroren und sich sehr schwer wieder einsammeln ließen. Später bekam Leon dann eine Hundehütte und ein richtiges Halsband sowie den Beinamen „Der große Houdini", weil er sich von allen Halsbändern und Geschirren befreien konnte und dann die Gegend unsicher machte.

Wir hatten ihn lieb, mal mehr, mal weniger. *Mehr*, wenn er nach einer eiskalten Nacht morgens in unseren Flur durfte und sich langsam auf dem Bauch vorwärts schob, bis er unter unserem Küchentisch an unseren Füßen zu liegen kam; eher *weniger* zum Beispiel an diesem Sonntagnachmittag, an dem er in weniger als zwei Stunden 23 unserer halbwüchsigen Hühner abgemurkst und verbuddelt hatte.

Als der Frühling kam, begann ich meine neue Heimat zu erkunden und die weißen Flecken auf meiner Landkarte auszufüllen: Gleich um die Ecke war der kleine Tante-Emma-Laden, nur dass Tante Emma hier „Doamna Popescu" hieß. Das sollte für die nächsten Jahre unser Stammgeschäft werden, auch wenn Doamna Popescu ganz schön ungehalten werden konnte. Das passierte immer dann, wenn jemand zu reichlich anschreiben ließ, nicht exakt und sofort seine Wünsche äußern konnte oder aber... stank. Wir hatten alle ein bisschen Angst vor ihr. In der Ortsmitte entdeckte ich das Rathaus, die Apotheke, die Post, ein Eisenwarengeschäft und eine Bäckerei.

Ich lernte auch unsere Hausärztin kennen, die im *Dispensa*r (Zeitmaschine auf „frühe 60er" bzw. „Dorf-Ambulatorium" einstellen) ihre Patienten empfing, immer vormittags und nachmittags im Wechsel. Als sie merkte, dass sie sich mit mir einen mündigen, wenn nicht gar argwöhnischen Patienten aufgehalst hatte, stellte sie sich erstaunlich schnell darauf ein. Zwar verschrieb sie, wie allgemein üblich, Breitbandantibiotika in rauen Mengen, überließ es aber meiner Einschätzung, ob ich sie auch nehmen wollte. So kamen wir gut miteinander aus. Da ich aber von der Sprechstundenhilfe die Information erhalten hatte, dass ein ranghoher Mitarbeiter in der Gemeindeverwaltung an Hämorrhoiden litt, war ich von der vertraulichen Behandlung unserer Daten nie so ganz überzeugt.

Auf gute Nachbarschaft!

In Sanpetru lernte ich etwas kennen, was in dem schicken Neubaugebiet, in dem ich aufwuchs, nie eine Bedeutung für mich gehabt hatte: Nachbarschaft. Uns gegenüber wohnte zum Beispiel Doamna Cina, *unsere* Doamna Cina. Sie heißt natürlich nicht wirklich so, aber unsere vierjährige Emily machte aus „Vecina" = „Nachbarin" einfach „Cina" und adoptierte sie eine Zeit lang als Oma-Ersatz.

Ich habe viel von Doamna Cina gelernt: Wie man selbst Eierlikör macht und Sauerkraut einlegt, was man mit einem Schweineohr anfängt und wie man ein Huhn rupft oder einige traditionelle rumänische Gerichte zubereitet. Doamna Cina hielt immer wenigstens zwei verschiedene Menüs bereit, für die „Kinder" – ihre Söhne Ovi und Adi, beide im zarten Alter von Mitte 30 und jeder so um die 100 kg schwer.

Direkt angrenzend an den Kirchhof hatten Tanti Elena und ihr Mann George ihr Haus. George war so ein richtiger Bilderbuchopa, mit seinem weißen Haar und seiner Latzhose. Er nahm unsere Emily auf dem Fahrrad zum Hasenfuttersammeln mit und ließ sich regelmäßig breitschlagen, im kleinen Kiosk an der Busstation Eis oder Schokolade zu kaufen. Dann wurde er sehr krank und so still und in sich gekehrt, wie er lebte, starb er auch.

Costel und ich mussten dann auch zur Totenwache; so saßen wir, wie es üblich war, eine halbe Stunde mit im Stuhlkreis, der um den offenen Sarg, im guten Zimmer natürlich, aufgestellt war. Ich musste weinen, weil er so schrecklich abgezehrt aussah und weil Tanti Elena auch weinte. Und auch, weil mir wieder so schrecklich klar wurde, dass wir alle sterben müssen. So ein Trauerhaus ist meist voller Leute,

Verwandte, Freunde, Nachbarn kommen und gehen... Sie nehmen Abschied, weinen, sitzen zusammen. Es gibt auch immer was zu essen und was zu trinken.

Ich hätte keinen Bissen heruntergekriegt, weder vom Kuchen noch vom *coliva,* der traditionellen Weizengrütze mit Nüssen, Bonbons und viel Zucker. Aber ich schüttete ein Glas Wein hinunter, um mich ein wenig anzusäuseln und hoffte, niemand würde bemerken, dass ich den Toten nicht direkt ansehen mochte. Ich war und bin die direkte Konfrontation mit einem Toten nicht gewöhnt; für die Menschen im Dorf war das etwas ganz Normales.

Fand das Leben hier wirklich ungeschminkter statt oder ist es wirklich tragischer? Oder ist es nur eine Frage der Trauerkultur? Ich weiß es nicht. Vielleicht war ich einfach erwachsen geworden hier in Rumänien und hatte es nicht mal richtig gemerkt.

George und Elena hatten zwei Kinder gehabt. Beide waren in den 50er Jahren noch als Säuglinge gestorben. Die alte Frau legte mir kleine vergilbte Schwarzweißfotos auf den alten Wohnzimmertisch: „Sieht es nicht aus, als wenn es nur schläft?"

Von Tanti Elena lernten meine Kinder das Mühlespielen, das Himmel und Hölle Hüpfspiel und aßen jede Menge Spiegeleier und in Wasser angefeuchtetes Brot mit Zucker. Der alte Ziehbrunnen im Hof der alten Frau war unsere Rettung, wenn mal wieder ohne Vorwarnung das Wasser abgestellt wurde.

Tanti Elena überlebte ihren Mann um knapp zwei Jahre und wir mussten wieder zu einer Totenwache. Meine zehnjährige Tochter hatte der Alten versprochen, zu ihrer Beerdigung zu kommen und sie nahm ihr Gelöbnis sehr ernst. So gingen wir den Weg von der Kirche bis zum Friedhof hinter dem Sarg und der Menschenmenge her. „Jetzt ist es genug", sagte Emily, als wir uns dann der Grabstelle näherten und wir gingen schnell nach Hause.

Hier im kleinen Ort Sanpetru ging für mich der Traum vom Landleben in Erfüllung: Wir hatten Hühner und Enten und sogar eine Gans namens Max, natürlich auch Hasen, mehrere Katzen, zwei Hunde und Meerschweinchen, die im Sommer frei auf dem Rasen herumliefen. Von unserem Hof aus konnten wir ein Storchennest sehen.

Ich lernte, im Rhythmus des Jahres zu leben. Im Frühling sahen wir die Störche kommen und aßen mit Heißhunger die ersten Radieschen und die zarten grünen Zwiebeln. Die Bäume blühten um die Wette und die Maikäfer schwirrten zahlreich durch die abendliche Luft und stießen an unsere Fenster. Die Kater der Umgebung versammelten sich, um unserer Miezi ein Ständchen zu bringen, ich steckte Zwiebeln in die Erde und unsere Hühner scharrten sie wieder heraus. Dann Kirschen, Erdbeeren, Aprikosen, Pfirsiche und kleine krumme Gurken und Tomaten, die tatsächlich nach Tomate rochen. Ich kochte dutzende Gläser Erdbeermarmelade und etwas Holundersirup ein und stand im Keller stolz vor dem vollen Regal, das zugegebenermaßen ein recht kleines Regal war.

Der volle Vorratskeller unserer Doamna Cina brachte mich wieder auf den Boden der Tatsachen zurück. Besonders aber bei den alten Siebenbürger Sachsen sah ich, was es heißt, die Erträge des Erdbodens wirklich ganz zu verwerten: Apfelsaft, Apfelmost, Apfelessig, Apfelkompott, Apfelmarmelade, getrocknete Apfelringe, Apfelpfannkuchen. Und im Herbst trug unser alter Birnbaum so an die 200 kg, die Störche versammelten sich am Himmel über unserem Ort und zogen ihre Kreise, bis sie dann auf ein geheimes Signal hin in Richtung Süden flogen und wir bereiteten uns auf den langen Winter vor, der jede Menge Kartoffeln, Sauerkraut und schrumpelige Äpfel für uns bereithielt.

Als Hintergrundmusik begleitete mich das ganze Jahr über das Brummen und Kreischen der Maschinen aus unserer Schreinerei, die wir in einem Anbau betrieben und mit der wir unseren Lebensunterhalt bestritten. Wenn etwas Schweres zu transportieren war, dirigierte ein Bewohner des angrenzenden Zigeunerviertels seinen klapprigen Bollerwagen mit dem noch klaprigeren Pferd davor rückwärts in unseren Hof. „Zurrrrriiiih!", schrie er dabei aus vollem Halse, wohl noch eine Hommage an die deutsche Vergangenheit des kleinen Ortes.

„Ja, ja", sagte mein Mann dann, „schon wieder ein Wort, das ihr Deutschen von uns ausgeliehen habt". Trotz der schwierigen wirtschaftlichen Lage, die im Land herrschte, fühlte ich mich hier in unserem kleinen Reich so sicher und geborgen wie schon lange nicht.

Beam me downtown, Scotty!

Nun kann aber der Mensch nicht den ganzen Tag in seinem idyllischen Zuhause sitzen und die Jahreszeiten an sich vorbeiziehen lassen. Unsere Kinder gingen in die deutsche Schule ins sechs Kilometer entfernte Brasov/Kronstadt, und auch wir mussten häufig für Erledigungen und zum Einkaufen dorthin. Erst als wir für ein paar Monate kein Auto zu Verfügung hatten, machten wir Bekanntschaft mit dem örtlichen Nahverkehr.

An der Endhaltestelle in unserem Dorf war ein Aushang mit den Abfahrtszeiten der Busse angebracht. Ich musste schnell feststellen, dass er nur aus einem Grund dort hing: Weil sich niemand bisher die Mühe gemacht hatte, das Schild abzunehmen und wegzuschmeißen. Der Busunternehmer, der mit unserer Gemeinde einen entsprechenden Vertrag hatte, fuhr unseren Ort nur unregelmäßig an und setzte auf dieser Strecke alle die Fahrzeuge ein, mit denen er sich anderswo nicht sehen lassen konnte. So mussten wir in manchen Kleinbus von hinten hinein kraxeln, weil der vordere Einstieg klemmte. Oder der Fahrer selbst stieg durch die Hecktüren ein, weil sich seine Fahrertür nur von außen schließen ließ. Andere Vehikel wieder machten beängstigende klappernde Geräusche und die zerschlissenen, speckigen Sitze kippten nach vorne oder nach hinten weg. Die Haltestange schlackerte so ungestüm in ihrer Aufhängung, dass ich froh war, dass der kleine Bus gequetscht voll war: So würden im Fall eines Falles wenigstens nur diejenigen erschlagen werden, die sich in unmittelbarer Nähe befanden.

Die Straße nach Brasov war in einem erbärmlichen Zustand. Die meist jugendlichen Fahrer unterhielten sich während der halsbrecherischen Fahrt angeregt mit anderen jungen Leuten, die immer zahlreich auf dem Beifahrersitz mitfuhren. Außerdem verdienten sie sich was dazu, indem sie nur jedem zweiten oder dritten Fahrgast eine Fahrkarte von dem nummerierten Block gaben. Auch die Fahrgäste gaben beim Aussteigen ihre Karte dem Fahrer zurück, damit er sie nochmals verkaufen konnte.

Gleichzeitig kamen mehrere clevere Kleinwagenbesitzer auf die Idee, die Strecke in eigener Regie zu bedienen: Die „schwarzen Taxis" lauerten zu den Stoßzeiten überall auf Kunden und schnappten sie dem Linienbus vor der Nase weg. Bald kannten auch wir sie alle: Den netten grauhaarigen Dicken, der in seinem hellblauen Wagen nie ohne Sportzeitung unterwegs war; den goldbehängten Fahrer einer dunkelroten Dacia, der ein echtes Ekelpaket war und dessen Wagen extrem nach Zimt roch. Und dann war da noch ein Pärchen charmanter und gutaussehender Zwillingsbrüder mit einem weißen Kleinbus.

Und so fuhr bald, mangels Klientel, gar kein Linienbus mehr. Auf Initiative des Busunternehmers lauerte die Polizei an den Endhaltestellen den „schwarzen Taxis" auf, um ihnen deftige Strafen aufzubrummen. Und so fuhr auch bald kaum mehr ein Taxi und wenn wir Glück hatten, dann nahm uns noch ein vollgestopfter Bus mit, der aus irgendeinem entlegenen Kaff in die Stadt fuhr.

Eine Zeit lang ging ich also mehr auf gut Glück mit den Kindern morgens zur Haltestelle, um zu sehen, *wie* wir an diesem Tag in die Schule kommen würden. Mit uns warteten Schüler, Arbeiter, Angestellte... Kam eine Fahrgelegenheit in Sicht, drängte sich das Volk zu den Türen wie bei einem Schiffsuntergang in die Rettungsboote. Ich hatte da mit zwei Kindern mit voluminösen Schulranzen meist schlechte Karten. Hier musste der Anstand zurückstehen und nachdem ich einige Male das Rennen gegen einige Büroschicksen mit hohen Absätzen verloren hatte, quetschte auch ich mich mit

Kindern und Ranzen einfach hinein in der Hoffnung, dass diesmal die nachgeben würden, die auf der anderen Wagenseite dasselbe versuchten. Taten sie meistens nicht, aber irgendwie kamen wir alle mit. Manchmal mussten meine Töchter auf dem Schoß fremder Leute sitzen und vom Gewicht irgendwelcher Taschen und Tüten blieb mir die Luft weg. So kam es, dass ich nur ungern diese pasteurisierte Milch in den wabbeligen Tüten aus der Stadt mitbrachte. Eigentlich kaum zu glauben, dass sich acht Personen, die *nicht* an einer Samstagabendshow teilnahmen, freiwillig in eine Dacia quetschen und noch dafür bezahlen.

An der Endstation glücklich (und wie!) angekommen, nahmen uns nun die Kronstädter Verkehrsbetriebe in Empfang: Ich war angenehm überrascht über das dichte Busnetz und die relative Pünktlichkeit. Vom Sibiu der 90er Jahre war ich in dieser Hinsicht nicht sehr verwöhnt worden. Nach einer Stunde Wartezeit pflegte dort auch der geduldige Walter zu resignieren: „Komm, nehmen wir halt den Zweier!" Sprach's und machte sich zu Fuß auf den Weg.

Hier in Kronstadt musste man nur schnell sein beim Ein- und Aussteigen, sonst hatte man den Kinderwagen halb drin, halb draußen und los ging's. Dass ein junger Mann bei strömendem Regen beim Einsteigen in den Oberleitungsbus einen mächtigen Schlag bekommen hatte, machte mir dies Verkehrsmittel nicht sympathischer. Auch die Busfahrer selbst waren missmutig, mussten doch alle immer ein dickes Paar Handschuhe und einen langen Haken dabeihaben, um die Stromabnehmer wieder an die Oberleitung zu bringen, wenn diese auf der Strecke herausgesprungen waren.

Ich fuhr trotzdem gerne Bus, manchmal einfach nur zum Spaß und bewunderte die kleinen Geschäfte und die hübschen Giebel der Häuser, alte Steinfiguren und schwere geschnitzte Türen: Alles Kleinodien, für die man kein Auge haben durfte, wenn man sich als Autofahrer auf den Verkehr hier in der überfüllten historischen Altstadt konzentrieren musste.

Wendepunkt

Es war so eiskalt an diesem späten Abend im Januar 2007. Costel und ich stapften die verschneite und einsame Dorfstraße von Sanpetru entlang. Wir kamen von einer Totenwache; der Vater einer Freundin, der Bauer Gusu, stark wie ein Baum und fast ebenso wortkarg, war mit Mitte 50 gestorben.

„Es sterben so viele Leute hier", sagte mein Mann. „Irgendwas stimmt nicht mit diesem Dorf". Erst vor kurzem hatten wir uns mit den Nachbarn darüber unterhalten, wie oft hier vor der alten Kirche, direkt unserem Haus gegenüber, in letzter Zeit die Blaskapelle gespielt hatte, um wieder einen Toten auf seinem Weg zu dem schmucklosen orthodoxen Friedhof zu begleiten. Die Melodien klangen dabei seltsam schleppend und zögernd und passten zu den Bewegungen derer, die hinter dem Sarg hergingen.

„Wieso sterben hier so viele? Vielleicht liegt es ja an der Asche!?" Die Asche kommt vom Fernheizwerk und wird in der Nähe des Ortes gelagert. Dort wird der graue Staub von einer Berieselungsanlage feucht gehalten, damit er bleibt, wo er ist. Theoretisch. Praktisch fallen die metallenen Bestandteile der Anlage häufigen Diebstählen zum Opfer und die Asche kommt mit dem Wind ins Dorf und das Dorf auf die Titelseite der Lokalzeitung und alles zusammen... gerät dann wieder in Vergessenheit, bis zum nächsten starken Wind.

Und wie wir so die Straße entlang gingen, Costel und ich, wussten wir auf einmal alle beide, dass es nicht der arme Gusu war, der uns so traurig machte und auch nicht die anderen, die gestorben waren, sondern dass für *uns* etwas zu Ende ging. Wir hatten etwas verloren; es war uns über Monate, vielleicht Jahre, so langsam, fast unmerklich abhanden gekommen: Die feste Gewissheit, dass *hier* unser Platz ist. Und auf dem Heimweg vom toten Gusu wurde uns klar, was wir bisher nur so im Scherz über irgendeinen abgelegenen Ort gesagt hatten: *Hier* möchten wir nicht begraben sein.

Einen Monat später fiel die Entscheidung: Wir werden nach Deutschland gehen.

Vielleicht hatten wir es auch satt, auf einer Baustelle zu wohnen. Alles an diesem wunderschönen geliebten alten Haus war *dringend:* Die alten Fenster mit den Messinggriffen auswechseln, weil es so barbarisch zog, ein neues Dach, ein anständiges Ofenrohr aus Edelstahl (dann würde im Aschenkasten der Holzzentralheizung nicht immer das Kondenswasser schwappen), und neue Türen und einen Gasherd *mit* Türgriff und und und...

Unsere kleine Schreinerei warf so viel Geld nicht ab. Nach guten Monaten kamen Zeiten, in denen wir wieder nur grobe Türstöcke anfertigten für arme Leute, die von jemandem aus der Stadt eine alte Tür geschenkt bekommen hatten. Überhaupt kamen wir uns als Selbständige manchmal vor wie bei einer Kombination aus Monopoly und Überlebenstraining, nur das unsere Ereigniskarten vom Finanzamt und die nassen Streichhölzer von der Industrie- und Handelskammer kamen.

Ich bin von Natur aus ordentlich. Ich liebe Papierkram! Und ich wollte *alles* verstehen und *alles* richtig machen, auch mit unserer Firma. Vielleicht hätte ich es als ein schlechtes Zeichen werten sollen, als ich bei der Handelskammer nach monatelanger Wartezeit ein letztes Dokument für die Firmengründung unterschrieb: Mit meiner Unterschrift bestätigte ich, dass wir in unserer Schreinerei kein Fleisch und keine Fleischprodukte lagern und verarbeiten würden. Ich fand das damals noch lustig. Nach einigen Jahren des Kampfes mit unnützem Papier, unzuverlässigen Angestellten und zahlungsunwilligen Kunden überwog der Frust.

Ich verlor meine Unbeschwertheit, was Finanzen anging. Die hatte ich mir weit über mein Studentenleben hinaus bewahrt. Mit Entsetzen stellte ich jetzt fest, dass ich meinen klassischen Spruch „Ich bin nicht *arm*, ich bin momentan nur ziemlich pleite" nicht mehr mit Überzeugung sagen konnte. Stattdessen sah ich im Spiegel in meinem eigenen Gesicht die verhärmt herabgezogenen Mundwinkel der Leute aus dem Dorf, aus dem mein Mann stammt: „Das können wir uns nicht leisten, leider. Wir nicht."

Aus meinem Abenteuer Rumänien war harter Alltag geworden und ich litt am Aschenputtelkomplex. Es kostete mich meinen letzten Pionierstolz, mir selbst einzugestehen: Ja, ich möchte es besser haben. Ja, ich möchte es sogar *einfacher* haben, sogar *bequemer*. Ich will nach Hause!

Wir verkauften die mächtigen, ein halbes Jahrhundert alten Schreinereimaschinen aus der Schweiz. Unsere Abricht- und Dickenhobelmaschine hatten wir zu Beginn sogar noch mit den breiten Original-Lederriemen betrieben. Das alles ging nun, mitsamt der gesamten Ausstattung der Werkstatt, an einen Geschäftsmann aus dem Süden, den wir übers Internet gefunden hatten. Er nahm alles mit, sogar das alte Radio. Ich behielt nur den von der Feuerwehr vorgeschriebenen, eingerahmten Evakuierungsplan und ein paar Blatt Briefpapier mit Firmenlogo, zur Erinnerung.

Schweren Herzens trennten wir uns von Bello und Leon, unseren Hunden, und suchten für sie ein neues Zuhause. Wir würden ihnen das Bellen und Stromern nicht abgewöhnen können. Auch Miezi, die zwölfte, blieb zurück. Eine Weile würde sie noch bei der Nachbarin in Verpflegung sein und sich dann einen anderen Herrn suchen. Den größten Teil der Möbel und des Hausrats gaben wir weg.

Um ein Haar wäre sogar unser Umzug nach Deutschland so richtig im rumänischen Stil angelaufen. Ein Spediteur im Dorf bot Costel an, unsere Sachen mitzunehmen. Dass er allerdings keinen Anhänger hatte, sondern unser irdisches Hab und Gut hinter der Fahrerkabine auf die Zugmaschine schnallen und an der frischen Luft transportieren wollte, erfuhren wir nur kurz vor Abreise und lehnten dankend ab.

Und so fuhr uns Vasile. Der dicke Fahrer zog den Schleim aus den Tiefen seiner beeindruckenden Person derart geräuschvoll hinten im Hals hoch, dass wir regelmäßig erstarrten. Aber er war echt ein netter Kerl und beendete unsere familiäre Diskussion, was für Papiere wohl notwendig seien, um Kitty, unser Meerschwein, über die Grenze zu bringen, auf seine Art: Er schubste den Käfig mit seiner riesigen Pranke ganz hinten in eine dunkle Ecke des Kleinlasters und verschloss die Plane.

Ist das jetzt das Ende?

Ich habe Ceausescus Rumänien nie selbst erlebt.

„Drei Farben, die kenn' ich auf der Welt!", so besang man im kommunistischen Rumänien die rot-gelb-blaue Fahne. „Rot von der Arbeit, gelb vom Hunger und blau von der Kälte", maulte mit spöttisch gekräuselten Lippen der Volksmund. Das ist jetzt alles Geschichte, fortgeschwemmt von den glitzernden Wogen der 90er Revolution, womit wir wieder ganz am Anfang meiner Geschichte wären.

„Wach' auf, Rumäne, aus Deinem Todesschlaf!", befiehlt nun die *neue* Hymne. „Du bist frei! Geh, wohin Du willst! Die große Welt wartet auf Dich!" Und der frisch aufgeweckte, freie Bürger drängt blinzelnd hinaus, sich mühsam vorankämpfend gegen den Strom von Großkonzern-Managern, Drogenhändlern, Abenteurern und Nostalgikern, Amway-, Oriflame-, Avon- und Zepter-Pionieren, Zeugen Jehovas, Hundekastrierern, Tanzbären- und Kinderrettern, die in sein Land hineinströmen. Aus den Augenwinkeln sieht er auch noch ein kleines Exemplar des gemeinen Kreisverkehrs über die Grenze huschen, welcher sich in diesem neuen Biotop bald hemmungslos vermehren wird. Jetzt wird er sich die große weite Welt anschauen.

Aber zuhause hängt mittlerweile der Himmel auch schon voll mit den großen goldenen Kugeln, die sich drehen und tausend bunte Bilder spiegeln. Alles geht so schnell, so schnell, dass unser kleines Rot-gelb-blau gar keine Zeit hat, richtig darüber nachzudenken. Andere, für die die neue Freiheit nicht so überraschend kam, gründen derweil die „Front der nationalen Errettung" und legen den Grundstein für eine neue demokratische Politik. Sagen sie.

Wie auch immer: Es kommt den Bewohnern Rumäniens auch im Umgang mit ihren postrevolutionären Regierungen sehr zugute, dass sie sich jahrelang in Fatalismus und schwarzem Humor haben üben können.

Aber immerhin: Rumänien ist in Nato und EU eingezogen. Im Kreis der Mächtigen steht es nun... auf den Zehenspitzen. Dabei wird es abwechselnd am Kopf getätschelt und an den Ohren gezogen, je nachdem, ob es ein paar Kinderheime geschlossen oder aber sein Geld für unnütze Dinge ausgegeben hat. „Wie schön ist es hier bei Euch!", jubelt das kleine Rot-gelb-blau. „Ja, aber fass' nichts an!"

Aber nur schauen und nicht anfassen, das kannten die Leute ja schon! Und weigerten sich doch standhaft, im Lande zu bleiben, um die neue Demokratie zu genießen und ihr beim Wachsen zuzuschauen. Und zu warten, dass das kleine Pflänzchen Marktwirtschaft ein grünes Blättchen kriegt, während der Frühkapitalismus ungehemmt wuchert.

Und so setzte er ein, der Exodus der Arbeiter und Fachleute. Für einen Dreimonatsvertrag als Erdbeerpflücker in Spanien übernachten Hunderte auf dem Bürgersteig vor der Vermittlungsstelle, um noch rechtzeitig dranzukommen. Bauarbeiter nach Israel, Schlosser und Schreiner nach Italien, Spargelstecher mit Universitätsabschluss nach Deutschland. Ganze Landstriche werden regelrecht entvölkert und dämmern dahin, um nur im Sommer aus ihrem Schlaf zu erwachen, wenn „die Italiener" und „die Spanier" für ein paar Wochen nach Hause kommen, um hier ihr Häuschen zu bauen, Baumaterialien und Heizzentralen zu kaufen. Aber wenn sie wieder wegfahren, dann lassen sie immer noch ein bisschen mehr Hoffnungslosigkeit zurück.

Und manche auch die Kinder. Die bleiben bei der Oma. Für eine Zeit. „Weißt Du denn, wie deine Mama aussieht?" fragt der Reporter mit dramatischem Tonfall. „Oh ja!" Dem etwa zehnjährigen Mädchen schauen dürre Arme aus dem selbstgestrickten Pullover. „Sie kommt zu Weihnachten. Bestimmt!"

Aber sie wird nicht kommen, nicht dieses Jahr und auch später nicht. Und dann wird eines Tages die Oma mit den Kindern nicht mehr fertig werden. In den Schulen sind sie schon zum Problem geworden: Die „verlassenen" Kinder mit den neuesten Telefonen, Playstations und den schicken Jeans. Aber immerhin lässt sich noch die eine oder andere rührselige „Wiedersehensshow" daraus machen. Das ist prima für die Journalisten, denn die Enthüllungsgeschichten über die „wahren Drahtzieher der Revolution" locken schon lange keinen mehr hinterm Ofen vor. Aber „Kinder", das geht immer bei den Rumänen...

Für die, die bleiben, ist nichts mehr, wie es war. Und doch irgendwie alles beim Alten. Früher erkannte man den (Partei-)Status eines Autofahrers an seinem Nummernschild und wusste genau, wie er zu behandeln war. Heute spricht die Größe und die Marke des Fahrzeugs mehr als 1000 Worte oder wie viele der Bußgeldkatalog auch enthalten mag.

Bist Du mit deiner Dacia gleich reif für ein Knöllchen, wenn Du noch nicht mal richtig zum Stehen gekommen bist, kannst Du an derselben Stelle mit dem Hummer eine gute halbe Stunde unbehelligt parken, selbst wenn die Fußgänger über die Motorhaube kraxeln müssten. „Die gleiche Herrschaft, nur mit anderem Hut auf", sagt man hier über die neue Regierung. Tja, es hat sich herumgesprochen: Die goldenen Kugeln sind auch nicht aus Gold, sondern aus Blech und hohl außerdem.

Wir sind ja auch gegangen, als wir nicht mehr länger leugnen konnten, dass unsere Zeit gekommen war.

Jetzt will ich mal nicht ungerecht sein! Es haben sich doch viele Dinge verändert! Zum Beispiel ist nun das traditionelle Schächten als Schlachtmethode (sprich der Sau bei lebendigem Leibe den Hals durchschneiden) verboten. Und einen Verstorbenen darf man nicht mehr zu Hause aufbahren, sondern nur in speziell dafür vorgesehenen Räumen. Und das Brennen von Schnaps ist nun unter bestimmten Umständen erlaubt, wenn man es anmeldet. Da hat sich ja schon was getan... für die Schweine und die Toten. Und genug Schnaps gibt's auch. Das ist gut.

Etwas von dem, was tatsächlich *Gold* war, was *echt* war und *einmalig*, habe ich in meinem Herzen mitgenommen. Und jedes Jahr, wenn ich mein Rumänien besuchen komme, habe ich Angst, dass ich nichts mehr davon vorfinden werde. Dass ich es meinen Kindern, die dort geboren sind, nicht mehr zeigen kann, weil es weg ist. Für immer. Und der europäischen Norm Platz gemacht hat. So als wenn mein Philosoph im Eselskarren für immer in der Staubwolke verschwindet, die irgendein schickes Auto auf der Dorfstraße hinter sich hergezogen hat.

Darum habe ich es aufgeschrieben.

Das ist nämlich *mein* Buch über *mein* Rumänien. Keine politische Studie, keine soziologische Analyse, keine anthropologische Betrachtung. Das ist meine Liebeserklärung.

Liebes, liebes Rumänien, bitte sei nicht böse, dass ich gegangen bin. Weißt Du, ich bin doch „deutscher" als ich dachte.

Te iubesc si sa traiesti!